SETE GRANDES RELIGIÕES

Annie Besant

SETE GRANDES RELIGIÕES

Editora Teosófica
Brasília-DF

Título do original em inglês:
Seven Great Religions

The Theosophical Publishing House
Adyar, Chennai, Índia
3ª Edição em inglês, 2000

EDITORA TEOSÓFICA,
SGAS - Quadra 603, Conj E, s/nº
70 200 630 - Brasília - DF, Brasil
Tel.: (61) 3322-7843
Fax: (61) 3226-3703
E-mail: editorateosofica@editorateosofica.com.br
Site: www. editorateosofica.com.br

B 554

Besant, Annie, 1847-1933

Sete grandes religiões / Annie Besant;
Tradução: Edvaldo Batista de Souza. 1ª Edição, Brasília:
Editora Teosófica, 2011.

Tradução de: Seven great religions
ISBN 978-85-85961-98-5

1. Religião
II. Título

CDD 200

Revisão: Solimeire Oliveira - Zeneida Cereja da Silva
Capa: Francisco Regis
Diagramação: Reginaldo Mesquita - Fone: (61) 3344-3101
Impressão: Gráfika Papel e Cores
E-mail: papelecores@gmail.com

Sumário

Nota do Editor

Na convenção de 1896, a Doutora Annie Besant proferiu quatro palestras sobre Hinduísmo, Zoroastrismo, Budismo e Cristianismo. Palestras estas publicadas em 1897 com um prefácio seu intitulado *Quatro Grandes Religiões*.

Em 1901, ela continuou a série com outras quatro palestras sobre Islamismo, Jainismo, Siquismo, e Teosofia ou Sabedoria Divina.

Em 1966, a *Theosophical Publishing House* reuniu ambas as séries em um único volume sob o título *Seven Great Religions*, omitindo a palestra sobre Sabedoria Divina.

Na edição de 1992, compensou a omissão acima incluindo a palestra sobre Sabedoria Divina na parte final, uma vez que todas as religiões verdadeiramente culminam na Sabedoria Divina.

A presente edição sofreu uma revisão extensiva e cuidadosa, e todas as palestras são apresentadas na sequência natural em que foram proferidas.

Prefácio

As palestras seguintes não pretendem ser mais do que exposições populares sobre algumas grandes crenças religiosas, e são dirigidas ao leitor comum em vez de ao estudante. Proferidas para audiências compostas quase que inteiramente de hindus, com apenas uns poucos zoroastrianos e cristãos, elas consideram como ponto pacífico o conhecimento de termos sânscritos; por isso foram inseridas notas onde pudessem surgir dúvidas devido ao uso dos mesmos. Elas têm por finalidade auxiliar os membros de cada uma das religiões a reconhecer o valor e a beleza das crenças diferentes da sua, e demonstrar a unidade que lhes é subjacente.

Na palestra sobre Budismo, eu tive em mente e de modo especial as concepções errôneas que afastam o Senhor Buddha dos corações dos seus conterrâneos, e me esforcei por removê-las por meio de citações das escrituras aceitas que contêm os registros autorizados de suas próprias palavras.

Pois eu realmente não sei de serviço maior que pudesse ser prestado à religião do que reunir novamente estas crenças separadas, que quase dividem o Oriente entre si. Elas são mãe e filha, e os feudos familiares são proverbialmente amargos; contudo, se poderia pôr fim à rixa se o desejo de relações amistosas reinasse de ambos os lados. Menos profundamente arraigado, porém mais amargo, foi o antagonismo ao Cristianismo – provocado pelos ataques ignorantes e frequentemente rudes e abusivos – dirigidos pela classe inferior de missionários contra a fé venerável professada por quase todos os meus ouvintes.

Contudo eles ouviram respeitosamente e, depois de certo tempo, de modo compreensivo à exposição de tão jovem fé em comparação à sua própria; e finalmente reconheceram que esta era também uma grande religião e que não era realmente estranha ao Hinduísmo.

Espero que estas palestras tenham a boa sorte de poderem agir como uma mensagem de paz aos corações de seus leitores, como evidentemente o fizeram aos corações de seus ouvintes.

Os princípios gerais subjacentes a estas palestras são os que se seguem. Cada religião é vista à luz do conhecimento oculto, tanto no que diz respeito à sua história quanto aos seus ensinamentos. Sem desprezar as conclusões a que chegaram os eruditos europeus por meio de trabalho paciente e admirável, eu, sem hesitar, as deixei de lado onde entram em conflito com fatos importantes preservados na história oculta, quer naqueles registros imperecíveis onde todo o passado pode ainda ser encontrado nos quadros vivos quer nos documentos antigos e cuidadosamente guardados pelos Iniciados e não totalmente inacessíveis. Esse é especialmente o caso com relação às eras do Hinduísmo e do Zoroastrismo, que ao tocá-las o saber moderno extravia-se de modo absurdo.

Essa erudição, no entanto, irá considerar a visão oculta como estando, por sua vez, grotescamente errada. Que assim seja. O Ocultismo pode esperar para ser corroborado pelas descobertas, como já têm sido muitas de suas ridicularizadas afirmações quanto à Antiguidade. A terra é uma guardiã fiel, e à medida que os arqueólogos descobrem as cidades enterradas em seu interior, muitas testemunhas inesperadas serão encontradas para justificar a antiguidade que é reivindicada.

Em segundo lugar, cada religião é tratada como que provindo de uma grande fraternidade, que é a administradora e que tem a custódia do conhecimento espiritual. Cada uma é tratada como expressão, por algum membro ou mensageiro daquela Fraternidade, das verdades espirituais eternas – uma expressão adaptada às necessidades da época em que foi criada, e do alvorecer da civilização que se tencionava moldar e guiar em sua evolução.

Cada religião tem sua própria missão no mundo; está adaptada à nação à qual é dirigida e ao tipo de civilização que deve permear, alinhando-a à evolução geral da família humana. A impossibilidade de se ver isso leva a uma crítica injusta, pois uma religião idealmente perfeita não seria conveniente a homens imperfeitos e parcialmente evoluídos, e o ambiente deve sempre ser considerado pelos sábios quando plantam uma nova muda da antiga árvore da Sabedoria.

Em terceiro lugar, é feita uma tentativa em cada religião para distinguir o essencial do não essencial, e para tratar principalmente do que é essencial. Pois, ao longo do tempo, cada religião sofre acréscimos devidos à ignorância e não à sabedoria, à cegueira e não à visão. Dentro do breve âmbito destas palestras, não foi possível distinguir em detalhe nem assinalar todas as inúmeras coisas não essenciais. Mas os testes seguintes podem ser feitos por qualquer um que deseje se orientar de maneira prática na discriminação entre os elementos permanentes e os transitórios em qualquer religião. É antiga? Pode ser encontrada nas antigas escrituras? Possui a autoridade do fundador da religião ou dos sábios a quem é devida a formulação da religião particular? É universal, encontrada sob alguma forma em todas as religiões?

No que diz respeito às verdades espirituais, qualquer um desses testes é suficiente. Quanto aos assuntos menores de ritos e cerimônias, observâncias e costumes, uso ou desuso de qualquer prática particular, podemos perguntar a cada uma: Está estabelecido ou é recomendado nas escrituras antigas pelo fundador ou seus discípulos imediatos? Pode a sua utilidade ser explicada ou verificada por aqueles em quem o treinamento oculto desenvolveu as faculdades internas que tornam o mundo invisível uma região que conhecem por experiência própria? Se um costume for recente – com apenas dois ou três séculos atrás de si; se for local – não encontrado em nenhuma outra escritura antiga, não justificado pelo conhecimento oculto; então, por mais útil que seja a qualquer indivíduo, na sua vida espiritual, não deve ser imposto a nenhum membro de uma religião particular como obrigatório ou como parte daquela religião nem deve o homem ser olhado com suspeição por não concordar.

Esse fato precisa ser especialmente enfatizado na Índia, onde costumes que são inteiramente locais ou muito modernos estão propensos a ser identificados com o Hinduísmo nas mentes de seus seguidores; e quaisquer hindus que não os aceitem são vistos como inferiores, até mesmo como não ortodoxos. Tais costumes, mesmo que muito estimados e considerados úteis por seus partidários, não devem ser considerados em geral como obrigatórios, e devem incidir na classe de não essenciais.

Alguém disse muito bem que, enquanto nas coisas essenciais deve haver unidade, nas coisas não essenciais deve haver liberdade, e em todas as coisas deve haver caridade. Se esta sábia regra fosse seguida por todos, ouviríamos falar menos de antagonismo religioso e de disputas sectárias, que trazem vergonha sobre a própria palavra 'religião'. Aquilo que deveria unir tem sido a fonte perene de divisão, até que muitos se tenham impacientemente desvencilhado de toda religião como sendo o pior inimigo do homem, aquilo que em toda parte introduz discórdia e ódio.

Possa esse livro – distribuído com reverência por todas as religiões que purificam a vida do homem, elevam suas emoções, e os confortam na sua dor – ser uma mensagem de paz e não um instigador de discórdia; pois eu tenho me esforçado por esboçar cada religião no que possui de melhor, de mais puro, e na forma mais oculta, e cada uma como se eu a ela pertencesse e estivesse pregando-a como minha própria.

Para o teosofista, 'nada que é humano é estranho'; e ele tem apenas compreensão reverente por toda expressão de anelo do homem por Deus. Ele busca compreender todos, não converter ninguém; e ao se oferecer para partilhar o conhecimento que lhe foi confiado, ele espera aprofundar a fé de cada homem, juntando à sua crença o conhecimento e desvelando a fundação comum que dá suporte a todas as religiões.

ANNIE BESANT

ADYAR
3 de janeiro de 1897.

HINDUÍSMO

SIGNIFICADO DO SÍMBOLO

PRANAVA:* Palavra ou sílaba sagrada *AUM (OM)

Além de símbolo, é o principal mantra do Hinduísmo; representa o *Trimurti*, isto é, o conjunto formado pelas três principais divindades hindus: Brahma, o Criador do universo; Vishnu, o Reformador do universo; e Shiva, o Destruidor (ou Transformador) do universo.

Jamais, meus irmãos, desde que comecei a subir à tribuna para expor pensamentos sobre religião e filosofia, senti tamanha dificuldade como estou sentindo nesta ocasião. O simples fato de lidar com grandes religiões, cada uma delas condensada numa simples palestra, é por si mesmo suficiente para apavorar o mais audacioso dos oradores. E quando se considera que esses assuntos religiosos estão intimamente ligados aos sentimentos dos ouvintes; que se vai descer às próprias raízes do coração humano; que, ao se considerar crença após crença, se está lidando com aqueles assuntos que deveriam ter unido os homens mas que, na verdade, em grande parte os têm dividido; então se pode apreciar a hesitação que sinto ao tentar, de algum modo, lidar com uma tarefa tão grande.

Uma religião só pode ser compreendida por afinidade; só pode ser exposta pelo orador que, enquanto expõe, se coloca no coração daquela religião, mostrando-a como ela pareceria aos seus seguidores mais devotados e instruídos. Isso eu devo tentar fazer com uma dessas grandes religiões que moldaram as civilizações dos homens, e que coloriram os pensamentos e confortaram os corações da grande maioria da raça humana.

A primeira das grandes religiões com a qual eu tenho que lidar é aquela às vezes conhecida pelo nome de Hinduísmo, às vezes pelo nome de Bramanismo – aquela que é a religião da maioria das pessoas nesse país e que teve seu berço no lado norte desta terra.

Deixe-me começar lembrando-os de que esta raça – a raça ariana – é a quinta no curso da evolução humana e que, no caso desta raça como no caso daquela que a antecedeu, um plano definido foi seguido em sua formação e em sua instrução.

Da flor da quarta raça – que precedeu a esta numa época tão distante que a ciência moderna só iria zombar se tal época fosse citada – famílias foram escolhidas pelo *Manu* para formar a raça vindoura; foram separadas da antiga humanidade, segregadas e colocadas à parte. E, durante imenso período de tempo, foram treinadas, guiadas e educadas sob a direção imediata do *Manu* e dos grandes Iniciados, que o circundavam e o ajudavam na sua poderosa tarefa. Assim, as características da nova raça estavam impressas na flor da raça antiga.

Quando aquela tarefa preliminar terminou, a raça foi plantada no que podemos chamar de sua terra berço. Desse modo, a raça ariana foi formada, treinada e teve suas próprias características nela implantadas. A primeira família dessa linhagem das quais outras iriam seguir posteriormente – aquela que em tempos modernos nos referimos como hindu, mas que sempre nos tempos antigos foi chamada de ariana – foi estabelecida no norte da Índia na região [entre o Himalaia e o Vindhyas] conhecida como Āryāvarta, e lá gradualmente evoluiu ao longo de linhas estabelecidas por seu *Manu* e pelos Iniciados que o rodeavam.

Nesse caso, descobrimos que o modelo para toda a raça está definitivamente impresso na sua primeira família. Aquilo que deveria ser perfeitamente reproduzido está aqui perfeitamente expresso; e a perfeição da expressão deve-se àqueles em quem esta antiga impressão foi feita. Pois, recuando-se à luz do conhecimento oculto por sobre aqueles primórdios, descobrimos que as almas que estavam encarnadas nesse início da raça ariana eram de muitos tipos diferentes. O *Manu*, como chefe, governante e legislador; depois, à sua volta, os Iniciados – os instrutores e guias do povo, os *Rishis* da antiga Índia; abaixo d'Eles reencarnavam muitas almas que já tinham atingido um alto estágio de desenvolvimento moral, intelectual e espiritual em mundos prévios; abaixo delas, almas mais jovens, que ainda tinham muito de evolução pela frente; e, por fim, comparativamente falando, uma quantidade de almas que tinham um período muito curto de evolução, que tinham atravessado a quarta raça e eram os membros mais bem-sucedidos daquela grande divisão da humanidade.

Assim, tinha-se um povo variegado, que bem poderia receber o carimbo de uma religião, filosofia, ciência e política oniabarcantes e servir como modelo, legando aos seus sucessores menos treinados esse exemplo do que deveria ser uma nação ariana da quinta raça.

Agora descobrimos, à medida que estudamos a religião legada a esse povo antigo, que ela inclui um treinamento para toda a natureza do homem nos diferentes estágios de sua evolução, que o guia não apenas na sua vida espiritual e intelectual, mas também em todas as suas relações com seu próximo na vida da nação e da família.

A totalidade da civilização é religiosa, e nada existe na vida humana que seja considerado como 'secular' ou 'profano'. As coisas que são vistas pelas outras pessoas como fora do escopo da religião são as mesmas sobre as quais o Hinduísmo sempre exigiu a mais rígida ortodoxia. O intelecto foi encorajado a se empenhar livremente, como o testemunham as escolas de pensamento compreendidas sob o oniabarcante 'Hinduísmo'; mas a reta conduta, na medida em que afeta o tecido social, sempre foi rigidamente inculcada.

Liberdade de opinião, mas ortodoxia na vida, tem sido a característica do Hinduísmo ao longo de toda sua evolução; por isso a vasta gama e diversidade de filosofias, e a estabilidade do seu tecido social e de sua vida familiar. Também por isso tem sido vista como a mais opressiva das religiões, pois a maioria das pessoas se preocupa muito com a liberdade de ação e pouco (exceto teoricamente) com a liberdade de pensamento. O hindu pode pensar da maneira que quiser a respeito de Deus – como sendo uno com o universo, separado do universo – ou pode até mesmo excluí-lo completamente.

O nosso tema consta naturalmente de três divisões: (1) As verdades espirituais com suas apresentações intelectuais posteriores – essas verdades são dadas nos *Upanishades* e nos *Vedas*, que são sua parte integral. Temos nos *Vedas* uma apresentação completa da verdade espiritual, não plenamente expressa mas implicitamente contida, de modo que está escrito que Brahman está oculto nos *Upanishades* assim como os *Upanishades* estão ocultos nos *Vedas*. Gradualmente, isso deveria expressar-se no decorrer da evolução; foi dado um todo perfeito que deveria desabrochar com a passagem do tempo. Esse era o conhecimento mais elevado (*vidyā*), o conhecimento de Brahman; e o conhecimento (*vidyā*) inferior estava contido nos *Vedāngas*[1], as sessenta e quatro ciências que codificavam o conhecimento da Natureza e os métodos de se obtê-lo – uma mina de ouro da qual se poderia agora extrair o conhecimento científico que deixaria o mundo moderno pasmado.

Depois vem (2) o culto exotérico, detalhado e maravilhosamente minucioso no modo como delineia a Natureza e a relação do homem para

[1] Literalmente, 'braços e mãos dos *Vedas*'.

com ela – os *Purānas*, como sua expressão popular, com as ordenações ligando-o à conduta social e familiar externa. Depois, encontramos livro após livro, como o *Rāmayāna* e o *Mahābhārata*; e em tempos muito posteriores, existem expressões revigoradas de suas verdades em alguns dos dramas, tais como os de Kālidāsa. Aqui, para as pessoas em geral, estão os ensinamentos externos, que devem gradualmente treiná-las para compreenderem as verdades ocultas e espirituais.

Jamais entenderemos o Hinduísmo se não compreendermos que ele foi um sistema deixado por Ocultistas, pelos *Rishis*, para quem o mundo invisível era matéria de conhecimento; que sua intenção era treinar o povo a obter o conhecimento gradualmente, seguindo um sistema baseado nos fatos do invisível. Devemos compreender essa base da religião para então podermos segui-la em todas as suas partes variadas. Assim entenderemos por que, como já foi dito, o intelecto sempre foi deixado livre, preso apenas pelos *Vedas* – deixado livre para inferir dos *Vedas* o que quer que pudesse logicamente deduzir de sua sabedoria multifacetada e profunda, enquanto a conduta exterior era tão rigorosamente guardada.

O homem evolui pelos pensamentos que cultiva, e os pensamentos dos outros são fatores poderosos na evolução de cada pessoa; quanto mais variados forem, mais aberturas eles criam através das quais o sol da verdade pode brilhar.

A variedade de opiniões a respeito de Deus é valiosa, e não prejudicial, porque cada opinião em si mesma expressa um fragmento muito pequeno da poderosa verdade; e a totalidade de opiniões dá uma apresentação mais completa do que poderia ser conseguida de outro modo. Mas a conduta abrange todas as relações do homem com a natureza externa, visível e invisível; e, de acordo com a sua conduta, advém harmonia ou discórdia.

O culto exotérico tinha por finalidade estabelecer um acordo harmonioso entre o homem e seu ambiente; e era imposto por meio da autoridade porque as pessoas não eram capazes de assimilar o conhecimento em que estava baseado. Na sua evolução posterior, quando o conhecimento era adquirido pelo *Yoga*, as obrigações externas foram abandonadas, pois então a harmonia não precisava de autoridade para ser imposta – o homem, unido à lei, tornou-se a própria lei.

Chegamos agora (3) à ciência do *Yoga*[2], por meio da qual os conhecimentos espirituais fragmentados podem ser plenamente compreendidos pelo desabrochar gradual das faculdades internas, que permitem ao homem estudar o mundo invisível diretamente, e pela expansão de sua consciência para abarcar extensões mais amplas e mais sutis de existência. As verdades contidas nos *Vedas* deveriam ser realizadas pelo *Yoga*, mas os seus métodos não são plenamente entendidos em lugar algum. O guru era instruído com esta finalidade – para que pudesse ensinar ao aluno digno trilhar essa senda difícil, estreita como o fio de uma navalha.

Tomaremos essas três divisões uma de cada vez. Vamos primeiramente olhar as verdades espirituais expressas nos *Vedas* com seus aspectos expostos nos sistemas de filosofia – parciais porque intelectuais, complementares mas não antagônicas, nenhuma delas expressando toda a verdade, mas cada uma expressando tanto quanto o intelecto seja capaz de reunir de maneira lógica num sistema único.

Depois, estudaremos o culto exotérico nos seus princípios, nos seus detalhes, mostrando a posição do todo na vida social e familiar.

Por fim, compreenderemos que um conhecimento verdadeiro das verdades espirituais só pode ser obtido por meio do *Yoga*; que existe uma ciência da alma que é ensinada pelo guru e que permite ao homem ascender, passo a passo, à mais elevada sabedoria espiritual.

Comecemos com uma breve exposição das verdades fundamentais, espirituais e filosóficas, sobre as quais a totalidade do Hinduísmo está baseada, cuja compreensão perfeita significa que o homem alcançou sua meta.

Vamos dar uma olhadela no início do universo, no começo da manifestação, quando Brahman, o Eu do universo, manifesta-se para que o universo possa existir. Está escrito: 'Quando Ele está manifesto, tudo se manifesta depois d'Ele; por meio de Sua manifestação, tudo isso se torna manifesto'[3]. Como Ele vem à manifestação não sabemos, mas é dito que é por um ato de sacrifício: '*Om!* Na verdade a aurora é a cabeça do cavalo sacrifical'[4].

A sabedoria oculta ensina que esse ato de sacrifício é a autolimitação

---

[2] União com o Ser.
[3] *Mundakopanishad*, 2.2.10.
[4] *Brhadaranyakopanishad*, 1.1.1.

de Brahman, a circunscrição de si mesmo por *māyā*, i.e., *avidyā*[5]. Sem isso, nenhum universo poderia se manifestar, uma vez que a limitação é necessária para a variedade; e cada coisa é envolvida em *avidyā*, isto é, é limitada, é excluída de ser qualquer outra coisa, de ser conhecimento perfeito.

Com Brahman começa o universo manifestado; ele é a fonte, o manancial, o Eu e o alento uno do universo; fora dele nada há que seja manifesto, fora dele não há vida, não há pensamento, não há mente. Manifestando-se em seus triplos atributos, ele é *sat*, *chit*, *ānanda*, e dele surgem todas as qualidades. Ele envolve essas coisas em uma, a Primeira, a Causa de tudo.

Aquele Brahman, aquele poderoso Uno, o Eu do universo, é descrito num trecho de maravilhosa beleza e sublimidade no *Svetasvataropanishad*; e esse trecho foi escolhido porque num *śloka* logo após essa descrição é feita a insinuação de algo além até mesmo do Brahman manifestado:

> 'Quando não há trevas, nem dia nem noite, nem ser nem não ser, há apenas o Uno Auspicioso supremo, sempre só. Ele é indestrutível. Ele deve ser adorado pelo criador *Savitṛ*. Dele, somente, surge a sabedoria antiga. Nem acima, nem abaixo, nem no meio, pode ele ser compreendido, nem há qualquer similitude para ele cujo nome seja glória infinita. Pela visão não é estabelecida sua forma: ninguém o vê com os olhos. Aqueles que o conhecem por meio do coração e da mente, residindo no coração, tornam-se imortais'. (4.18-20)

Tal é a descrição de Brahman, o manifestado, a causa do universo. Seguem dois *ślokas*, e então o capítulo seguinte abre com a declaração de que em Parabrahman, o supremo Brahman, '*Vidyā* e *Avidyā* existem não manifestados' (Ibid., 5.1). Ou, podemos traduzir '*Isvara* e *Māyā*'[6] existem não manifestados'.

O que isso quer dizer, não sabemos; o que significa, não podemos dizer. Nenhuma faculdade humana pode conhecer o incondicionado; nenhuma língua humana pode expressar AQUILO que está além de tudo. Sabemos

[5] *Māyā* é ilusão, tudo que está mudando, transitório, em contraste com a Realidade permanente, a Vida Una. Portanto, não é a raiz da matéria, sendo a matéria aquilo que assume forma e se adapta aos impulsos da vida que reveste. *Avidyā*, ausência de conhecimento, é sua outra denominação.

[6] *Ishvara*, o Senhor, Brahman como a fonte do universo e seu poder dirigente.

apenas que tudo surge d'AQUILO; AQUILO é tudo, embora nenhuma palavra que implique diferença – e todas as palavras implicam diferença – possa descrever AQUILO; n'AQUILO, *sat*, *chit* e *ānanda* têm sua raiz e unidade, o Uno sem um segundo; n'AQUILO, desconhecido e incognoscível, tudo é, mas de uma maneira que não podemos compreender. Pois para nós, existência significa diferença, e n'AQUILO não existe diferença.

Então, voltando ao universo manifestado, onde algum conhecimento nos é possível, aprendemos que a manifestação de Brahman é gradual e não súbita, e que tudo surge dele não de imediato, mas lentamente; do oculto surge gradualmente o manifestado, do oculto surge o revelado. Frases e mais frases são usadas para nos mostrar que tudo surge dele e é ele próprio, mas que ele está oculto sob os fenômenos, debaixo do nome e da forma.

Como o sal na água na qual está dissolvido[7], como o fogo na madeira antes que os gravetos sejam esfregados, como a manteiga que surge a partir do batimento do leite[8], como o creme na manteiga pura[9], do mesmo modo está Brahman oculto como o Ser de toda criatura. Estágio após estágio, as maravilhas de sua manifestação; estágio após estágio, o poder de seu desabrochar; surge sua qualidade de *sat*, de pura existência, na criação impassível no reino mineral, onde se pode dizer que só a existência pode ser mostrada. *Chit* e *ānanda* estão lá ocultos, e apenas *sat* está manifesto. Então, no reino vegetal, a vida que está desabrochando nos mostra o início do prazer e da dor, o germe que se transforma em *ānanda* nos estágios posteriores da evolução; no reino animal é também mostrado o germe de *chit*, que deverá ter sua evolução posterior e mais ampla; e, no homem, os germes de *sat*, *chit* e *ānanda* estão todos parcialmente manifestados, até que ao final da evolução *sat*, *chit* e *ānanda* estejam perfeitamente desenvolvidos nele. Então ele é Brahman; ele se tornou um.

Tudo isso é forjado pelo lento curso da evolução, nascimento após nascimento, morte após morte, por aquela roda de nascimentos e mortes que gira incessantemente nos três mundos. O mundo inferior – o mundo

---

[7] *Chhandogyopanishad*, 6.14.
[8] *Svetashvataropanishad*, 1. 16.
[9] Ibid., 4. 16.

de nossa consciência de vigília – é *bhur-loka* (esta Terra). Aí o homem nasce num corpo físico, aí ele obtém experiência ao entrar em contato com os objetos materiais; depois, através dos portais da morte, ele passa para o mundo seguinte, *bhuvar-loka* (o mundo astral), e num corpo apropriado para esse mundo ele trabalha uma parte da experiência obtida na Terra. Depois, num terceiro corpo, ascendendo ao *svarga-loka* (*Devachan*), ele trabalha o fruto de suas outras experiências terrenas. De *svarga-loka,* ele mais uma vez retorna através de *bhuvar-loka* ao portal do nascimento, para *bhur-loka*, para aí começar mais uma vez seu aprendizado, cujos frutos ele assimila nos outros mundos. Assim acontece a evolução humana comum nos três mundos – como nos é dito constantemente.

O homem está preso a esta roda pelo desejo, pela sede de existência senciente, a qual, na sua ignorância, ele identifica primeiramente com a vida do corpo. 'Esse *Purusha* [homem interior] possui a natureza do desejo. Tal como deseja é a sua determinação; e tal como é sua determinação é a sua obra; e tal como é sua obra é a sua recompensa... Aquele que é apegado obtém, por meio de sua obra, o objeto a que sua mente, como causa, está presa. Tendo finalmente chegado ao último (efeito) [em *svarga*] da obra que aqui realiza, ele desce novamente daquele mundo para esse como consequência da obra. Assim, aquele que deseja [viaja de mundo em mundo]... Quando todos os desejos que habitam o coração são abandonados, então o mortal torna-se imortal'[10]. Deixando de se identificar com o corpo, ele se identifica com a mente; e então simplesmente vive por um período mais longo em *svarga*, ainda preso pelo desejo. A libertação do renascimento só vem quando morre o desejo por tudo que os três mundos têm a oferecer.

A seguir, toda esta evolução prossegue sob a lei de causação, cada causa produzindo o efeito devido. Esta é a Lei do *Karma*, que devolve a cada homem exatamente o resultado da sua semeadura. Ele semeia seu *karma* no mundo da matéria física, colhe-o parcialmente nos outros dois mundos, e lá assimila os resultados do seu pensamento. Depois ele retorna à Terra, criatura de sua própria criação, para saldar o *karma* que pertence a esta Terra. E assim ele cresce vida após vida, tornando-se

[10] *Brhadāranyakopanishad*, 4.4. 5-7.

'uma criatura de reflexão; aquilo sobre o que ele reflete nesta vida ele se torna no futuro'[11].

Desta maneira, ele galga estágio após estágio com a consciência sempre em expansão, vestimenta após vestimenta desenvolvendo-se em seu interior, e cada uma um veículo de consciência. À medida que se desenvolve, ele expande sua consciência para abarcar um mundo após outro – sendo os estados de consciência correspondentes a esses três mundos os estágios de *jāgrat*, *svapna* e *sushupti*[12].

A consciência se expande, abarcando um mundo de cada vez, até que o homem se torna senhor e soberano onde de início era apenas a criança e o aluno. Depois, elevando-se ainda mais alto, ele escapa da roda de nascimentos e mortes – passa do corpo da lua[13], como é tecnicamente chamado, para o corpo do sol[14]; e quando esta fase é completamente dominada, ele não mais retorna ao renascimento obrigatório. Elevando-se ao estado de *turiya*, ele se realiza, vestido apenas do *ānandamaya-kosha*[15].

Tendo definitivamente unificado sua consciência até aquele ponto, ele está além dos três mundos e do giro da roda. Ele pode passar para a oniabarcante e divina consciência nirvânica e nela se expandir. *Jivātman* – de início lançado na mais pura ignorância, envolvido em *avidyā* com todos os seus poderes germinais, em latência não em atividade – está envolvido em veste após veste de matéria para que, através das vestes, possa entrar em contato com todas as regiões do universo; em cada uma delas, por meio desses contatos, possa trazer à manifestação os poderes que pertencem àquela região, a princípio latentes em si mesmos, até que finalmente todos os poderes sejam desenvolvidos, as vestes purificadas, *avidyā* transcendida, e o homem saiba que o Ser do universo e o seu próprio eu são um. Ele alcança sua meta, torna-se Brahman; aquilo que ele sempre foi potencialmente, ele se torna ativamente e em realização.

---

[11] *Chhāndogyopanishad*, 3.14.1.

[12] A consciência é uma unidade, mas pode funcionar no estado *jāgrat*, i.e., no corpo físico, em *bhur-loka*; no estado *svapna*, i.e., no corpo astral, em *bhuvar-loka*; ou no estado *sushupti*, i.e., no corpo mental, em *svarga-loka*. Por isso *jāgrat* é chamada consciência de vigília; *svapna*, consciência de sonho; e *sushupti*, consciência de sono sem sonhos. As palavras tendem a enganar, a não ser que os fatos sejam compreendidos.

[13] Os corpos astral e mental inferior.

[14] Os corpos mental superior e causal.

[15] O corpo *búdico* ou de bem-aventurança.

Tais são, mal esboçados, os elementos indispensáveis daquela filosofia do Hinduísmo, por meio da qual o homem aprende alguma coisa a respeito das verdades espirituais que subjazem à evolução. Tudo isso será realizado pela humanidade vida após vida. Mas o que todos os homens farão ao longo de idades incontáveis, um homem pode fazer, se quiser, por meio de um esforço maior, por um empenho mais intenso, por meio daquela ciência do *Yoga* que treina a alma mais rapidamente do que a evolução comum.

A evolução é apenas a vontade de *Ishvara* mostrando-se no universo manifestado; nascida na corrente da evolução, a humanidade é levada adiante até sua meta. Mas o nadador vigoroso pode alcançar a meta mais rapidamente do que a palha que flutua; por meio do *Yoga*, o homem pode terminar sua jornada, enquanto o grosso da humanidade ainda está flutuando lentamente ao longo da corrente da evolução.

Tentativas para fazer descer esse pensamento maravilhoso até a região do intelecto deram origem às seis grandes escolas indianas de filosofia, com todas as suas incontáveis modificações. Descemos da região espiritual para a intelectual, daquele mundo onde tudo é claro à visão purificada para o mundo onde dominam as limitações – e a linguagem é a pior de todas as limitações, embora cada filósofo precise escrever, deva expressar-se sob forma articulada. De outro modo, como deve ser expresso o indizível, como poderá Brahman ser colocado em termos intelectuais?

Existe uma marca comum a todas as escolas e que, pode-se dizer, está escrita acima de seus portais: 'Até que o homem consiga enrolar o *ākāsha* como se fora couro, não haverá fim para a miséria, exceto por meio do conhecimento de Deus'[16]. Toda escola hindu de filosofia busca a libertação dos limites da existência dolorosa, das misérias do nascimento e da morte. Todas admitem que o conhecimento divino, *Brahma-Vidyā*, é necessário para se atingir essa liberdade; elas diferem no modo como expressam sua meta e nos métodos que empregam para alcançá-la.

As escolas encaixam-se prontamente em três pares, caracterizadas por sua visão fundamental do universo e pelo modo como o provam.

Primeiramente, temos as escolas fundadas sobre a teoria atômica;

[16] *Svetasvataropanishad*, 6.20.

são as duas escolas conhecidas como a *Nyāya* de Gautama e a *Vaisheshika* de Kanāda, que também têm muito em comum nos seus métodos de pesquisa. Buscam o conhecimento por meio de inferências, pelo processo lógico, dividindo tudo em categorias, considerando a natureza da prova, a natureza da inferência – a própria essência da mente trabalhada nos mais amplos detalhes, baseada na teoria atômica e desenvolvida ao longo de linhas de puro raciocínio. Elas permanecem como monumentos ao puro intelecto, notáveis não apenas pela perfeição com que o raciocínio é conduzido, mas também pelo treinamento que dão à mente. A natureza das coisas é explorada e, para que o erro possa ser evitado, existe a mais profunda análise das ferramentas por meio das quais a investigação deve ser feita.

Chegamos então às duas escolas erigidas sobre a dualidade do universo manifestado, sobre a coeternidade dos dois fundamentos, jamais separadas, sempre trabalhando juntas – uma cosmogonia da mais lógica coerência sendo trabalhada em unida sucessão. São as escolas *Sāmkhya* de Kapila, às vezes chamada de *Sāmkhya* ateística porque não segue a manifestação dual; e o *Yoga* de Patañjali, ou *Sāmkhya* teísta.

Na primeira, o ponto de partida é a dualidade fundamental do universo manifestado. *Purusha*, Espírito, ou ainda a enormidade de *purushas* individuais é considerada como eterna, e *Prakriti*, matéria, é considerada como coeterna com eles. *Prakriti* é tripla, mostrando *sattva*, *rajas* e *tamas* como seus três *gunas*[17] e plena de atividades, mas é destituída de objetivos e nada pode fazer além de vestir *Purusha*. Daí o símile favorito de que *Purusha* é como um coxo com olhos sãos carregado sobre os ombros de um cego com pernas sãs; os dois juntos podem caminhar e evitar cair em armadilhas.

A seguir vem o desenvolvimento a partir de todo o universo manifestado, sob a direção de vinte e cinco *tattvas* ou princípios, como podemos chamá-los, deduzidos com *insight* perspicaz, com precisão lógica, com a mais cuidadosa observação dos fatos, para que, vistos como uma cosmogonia limitada ao universo manifestado, se possa dizer que a *Sāmkhya* mantém sempre a própria opinião. O *Yoga* de Patañjali aceita

[17]Ritmo (serenidade), mobilidade (atividade), e inércia, como suas três qualidades.

a cosmogonia *Sāmkhya* como é apresentada, mas lhe acresce o vigésimo sexto *tattva*: *Ishvara*, a deidade a ser adorada. Pois Patañjali disse verdadeiramente que sem uma forma a mente não poderia concretizar-se em meditação; e buscou o conhecimento não pela investigação do universo ao longo das linhas da *Sāmkhya*, mas pela supressão das modificações do princípio pensante. Essas modificações eram consideradas como a barreira entre o pensador e o Uno que ele buscava. Somente quando a mente se tivesse tornado unidirecionada, poderia o homem escapar desta limitação.

Finalmente, temos as duas grandes escolas *Mimāmsā*: a *Purva Mimāmsā* e a *Uttara Mimāmsā*. Na primeira, o sistema de Jaimini, temos ritos, cerimônias, tudo que é a parte externa da vida religiosa de um homem, trabalhada e exposta com a maior minudência. A *Uttara Mimāmsā* é o *Vedānta*, talvez a mais conhecida destas seis grandes escolas indianas no Ocidente. Ela está dividida em três subescolas, a *Dvaita*, a *Visishtādvaita* e a *Advaita*. Elas aceitam a cosmogonia *Sāmkhya* sobre o curso da evolução do universo manifestado, mas não estão satisfeitas em parar onde a *Sāmkhya* para. O *Vedānta* – 'o fim dos *Vedas'* – busca a causa do universo manifestado, não se contentando com uma análise que para em *Purusha* e *Prakriti*. É, na verdade, a expressão mais esplêndida e filosófica daquele anelo inerradicável por Deus do coração humano. Pode ser negado, distorcido, contrariado, mas sempre se levanta de sua morte aparente, a testemunha eterna do eu mais recôndito do homem, sua vida inalienável, que encontra seu resultado mais nobre no grito de triunfo do *Advaita*, 'Eu sou Ele!', quando o muito-buscado sob muitos véus é encontrado, e a Deidade se revela como o próprio Eu do homem.

As três subescolas do *Vedānta* devem ser consideradas como passos sucessivos, e não como teorias opostas; todas afirmam a existência divina como a fonte do universo, mas o ensinamento *Dvaita* alega uma divisão eterna entre Deus e homem – eles permanecem eternamente distintos. A *Visishtādvaita* vai um passo além, assegurando a dualidade, mas fundindo-a numa unidade final. A *Advaita* insiste na unidade fundamental, e tem ideia tão firme a esse respeito que – ofuscada pelas trevas que são 'excesso de luz' – quase perde de vista o universo, vendo apenas o Uno sob formas ilusórias. Mas quando da investigação intelectual ele se eleva em devoção, o vedantino *advaita* também reconhece a manifestação de Brahman nos deuses; e onde podemos encontrar tão ardorosa intensidade de arrebatada devoção como nos hinos a *Shiva* e a *Durgā* daquele líder dos vedantinos *advaitas*, Sri Shankarāchārya?

Na *Advaita* encontra-se o ensino familiar quanto a *māyā*, o poder causador de ilusão do Pensamento Divino – o universo é nada mais que o pensamento do Uno sem um segundo. Tudo, a não ser Brahman, é ilusão, limitado, transitório, em eterna mudança; o Uno é permanente, a única realidade. Tudo que muda é ilusório; a manifestação é apenas um pensamento.

Talvez esta ideia, difícil de assimilar, possa ser esclarecida se nos lembrarmos de que a mente humana pode também, por seus próprios pensamentos, impor ilusões à outra mente que esteja sob seu controle. Quando um homem é hipnotizado, pode-se fazer com que ele sinta a resistência de um corpo, vê-lo, ouvi-lo, tocá-lo e cheirá-lo – ter cada registro dos sentidos por meio dos quais dirigimos por completo a nossa vida exterior – e ainda assim nada há ali além do pensamento do hipnotizador que impõe todas essas sensações diretamente à mente do hipnotizado. No momento em que o homem desperta do sono hipnótico, a ilusão desaparece e ele sabe que nada há ali.

De modo semelhante, nesta visão, o universo é apenas o pensamento expresso de Deus dominando a totalidade, pois todas as formas são apenas os pensamentos de Deus. Uma vez que isso tenha sido compreendido, o Uno é visto, e a separação e a diferença desaparecem. Veste após veste de *avidyā* é arrancada do eu; veste após veste é trespassada pelo olho da sabedoria, até que o vidente declara: 'Na mais elevada veste dourada está Brahman imaculado, indiviso. AQUILO, a verdadeira luz das luzes, conhecido dos conhecedores do Ser'[18]. Mas antes que o homem o saiba, ele viaja pelo universo das formas; e, no entanto, aquilo que realmente o atrai em cada forma não é a aparência fenomenal, mas o Ser que brilha no interior.

Amamos as formas porque o Ser está nelas; somos atraídos pelas formas porque um raio partido da luz do Ser brilha através delas. Tal

[18] *Mundakopanishad*, 2.2.9.

qual a criança vê o seixo brilhando na estrada após a chuva e vai pegá-lo, atraída não pelo obscuro pedaço de terra, mas pela luz do sol que é dele refletida, assim também todos os homens – mesmo em seus vícios – iludidos pela aparência exterior, seguem a luz partida do Ser. Isso é o que eles buscam às apalpadelas, mas em sua cegueira não conseguem entender, não compreendem.

Todas as pessoas são também amadas, pois o Ser está dentro delas. 'Não pela esposa em si a esposa é querida, mas pelo Ser na esposa é que a esposa é querida; não pelo marido em si o marido é querido, mas por causa do Ser o marido é querido'; e assim sucessivamente com uma coisa após outra no universo manifestado, até que finalmente dizemos: 'Não pelos deuses em si são os deuses adorados, mas por causa do Ser os deuses são adorados'[19].

E assim o homem eleva-se de estágio a estágio, aproximando-se cada vez mais do Ser; e é assim que ele primeiramente compreende a divisão – 'Eu sou eu, Tu és Tu, Tu deves ser adorado, Tu deves ser venerado, eu sou Teu *bhakta*, Teu devoto'. Aproximando-se cada vez mais da visão da luz, começa a surgir um senso de semelhança, aquele que ama e o amado não podem realmente ser dois; até que, por fim, com o amor tornado perfeito e sem mais estar a sabedoria manchada pela ignorância, aquele que ama e o amado fundem-se em um: 'Eu sou Ele!', e há unidade onde antes reinava a dualidade.

Disso pode-se ver provavelmente por que foi que no passado o ensinamento do *Vedānta* não foi dado ao mundo como um todo. A senda do imanifestado, diz Sri Krishna, 'é difícil de ser alcançada pelo ser encarnado'[20]. Através da vida encarnada, elevamo-nos à vida sem corpos; através das formas, para a vida sem forma. Por essa razão, Sri Shankarāchārya estabeleceu como preparação para o aprendizado da *Advaita* que o homem deveria desenvolver em si mesmo certas qualificações, e até que estas estivessem desenvolvidas, a *Advaita* jamais seria ensinada. Quão sábia e necessária foi esta restrição: vemos hoje em dia o mau uso que os homens, com os sentidos descontrolados e as mentes não treinadas, fazem desse nobre ensinamento.

---

[19] *Brhadāranyakopanishad*, 4.5.6.
[20] *Bhagavad-Gitā*, 12. 5.

Passamos agora daqueles grandes sistemas filosóficos para o culto exotérico. Sua finalidade era treinar, desenvolver, educar a alma, até que se elevando passo a passo, estivesse pronta para passar às mãos do guru e receber suas iniciações finais.

A primeira coisa que nos chama a atenção na religião exotérica é o seu caráter oniabarcante, suas adaptações infinitamente variadas às infinitamente variadas necessidades do homem. E assim é porque apresenta o universo externo a partir do ponto de vista oculto e porque o universo, em cada ponto, toca cada alma nos estágios sucessivos de sua evolução.

Havia algo na crença para os mais pobres, para os inferiores, para os mais torpes, para os mais ignorantes, tanto quanto para os mais elevados, os mais intelectuais, os mais espiritualmente avançados. Esta é uma das características distintivas do Hinduísmo, que possui ensinamentos para os mais ignorantes e para os mais sábios, envolvendo a todos dentro do mesmo abraço.

O culto exotérico era baseado no conhecimento da natureza – conhecimento oculto; não o conhecimento que a ciência obtém por meio do estudo dos fenômenos, isto é, das aparências exteriores, mas o conhecimento que surge do estudo da vida interna, de cuja mente os fenômenos externos são a expressão. Esta é a diferença fundamental entre ciência oculta e ciência física; uma vê a aparência externa, a outra vê a vida que se manifesta através da forma.

Então, baseado em fatos do mundo invisível, a totalidade dos ensinamentos desse mundo é a expressão da natureza invisível – da natureza não como matéria e energia, mas como inteligências vivas; não uma matéria 'morta' ou 'cega' e força inconsciente, mas como consciências vivas expressando-se através da matéria e através da energia. A vida dessas consciências é realmente energia, sendo a consciência da mesma a essência da vida; as formas são matéria velando a vida, matéria tomando forma a partir da consciência viva no seu interior.

O culto exotérico do Hinduísmo está baseado sobre esta verdade profunda – de que nada há no universo que não seja vivo, e que todas as formas são expressões em matéria mais densa ou mais sutil dos pensamentos das inteligências vivas. Pretendia-se, como foi dito anteriormente, colocar o homem, por mais ignorante que pudesse ser, em harmonia com o seu ambiente visível e invisível. Foi-lhe ensinado o uso de ritos, cerimônias, mantras, que tinham por objetivo produzir resultados definidos no mundo invisível; preservar intactos os laços independentes das vidas elemental, mineral, vegetal, animal e humana; manter a roda da vida girando em ritmo harmonioso nos três mundos, dando apoio em serviço mútuo aos minerais, vegetais, animais e homens do mundo físico, aos *devatās* do mundo astral, aos *devas* do mundo mental, estabelecendo aquele sistema de sacrifício recíproco a que aludiu Sri Krishna quando disse: 'Com isso nutri os deuses, e possam os deuses nutrir-vos; assim, nutrindo uns aos outros, colhereis o mais supremo bem. Pois, nutridos pelo sacrifício, os deuses vos concederão as alegrias que desejeis'[21].

Aquilo que o ocultista faz por meio do conhecimento e do poder da vontade, os homens ignorantes aprenderam a fazer na exata medida por meio de ritos e cerimônias, contribuindo assim com sua pequena parcela para a harmoniosa obra geral do todo.

O *sat-chit-ānanda* do filósofo ou do místico espiritual expressa-se na forma concreta da *Trimurti* – Brahmā, *Vishnu*, *Shiva*. Aqui temos em formas concretas, adaptadas para adoração, o triplo Brahman, que é a causa do universo; seus três aspectos são mostrados em suas manifestações separadas para que possam ser compreendidos um pouco melhor pelas inteligências limitadas dos homens. O aspecto criador é mostrado como Brahmā, por cuja meditação ou *tapas* todas as coisas são produzidas; ele expressa a mente universal, a divina *chit*. A vida que está em tudo, a vida que permeia, sustenta, suporta a fundação do universo, sem a qual o universo não poderia ser mantido, que está presente em cada átomo desse universo, é *Vishnu*, o Onipenetrante, a vida sustentadora de Deus. Ele, o dual, é o aspecto de *ānanda* ou bem-aventurança.

E então, de muitas maneiras, mais ocultas e misteriosas, Ele, que é às vezes chamado de Destruidor mas é, em vez disso, o Regenerador; Ele, que é fogo vivo, o Senhor do terreno abrasador, cujo fogo consome todas as formas quando a utilidade dessas terminou, para liberar a vida que está dentro da forma, para que ela possa atingir expressão mais elevada e

[21] *Bhagavad-Gitā* 3. 11,12

manifestação mais plena; Ele, *Mahādeva*, *Maheshvara*, é *sat*, existência.

Assim é a grande *Trimurti*, os aspectos concretos do Deus manifestado. Então, descendentes da *Trimurti*, estão os sete grandes 'elementos', cada um dos quais é o aspecto forma de uma poderosa inteligência, um deus, dos quais apenas cinco estão atualmente manifestados e dois, ocultos. Esses cinco são *ākāsha*, a forma animada por *Indra*; *agni*, fogo, a forma de *Agni*; *vāyu*, ar, a forma de *Pavana*; *ap*, água, a forma de *Varuna*; *prithvi*, terra, a forma de *Kshiti* (*Kubera*).

Jamais entenderemos a perfeição da crença hindu se não compreendermos algo do lado vida do universo. Esses deuses dos elementos – *Indra*, *Agni*, *Pavana*, *Varuna* e *Kshiti* – são entidades reais, grandes inteligências espirituais. Cada um deles possui sua própria região; cada um deles é o senhor e dirigente soberano daquele elemento particular que é a expressão de sua natureza. Abaixo deles existem incontáveis hostes de *devas* e *devatās* [*devas* femininos], sempre em ordem decrescente, até que se chega às manifestações inferiores de todos no plano físico – os *devatās* inferiores do Hinduísmo, que têm que cuidar da formação e construção dos corpos físicos do nosso mundo físico. Considerando que existem sete regiões no universo[22] – das quais apenas cinco nos dizem respeito – cada uma consistindo de modificações do elemento que é seu material raiz, cada uma delas possui também suas sete subdivisões; e essas subdivisões mostram distintamente as características das grandes regiões.

A partir de uma ilustração feita pela nossa reverenciada instrutora, H.P. Blavatsky, podemos comparar as sete regiões do universo às sete cores do espectro solar. E então imaginemos que, escolhendo uma cor, digamos o violeta, a decompomos em sete novamente; descobrimos que ela consiste de vermelho-violeta, laranja-violenta, amarelo-violeta, verde-violeta, azul-violeta, índigo-violeta, violeta-violeta. Cada cor do espectro está lá, porém dominada pelo matiz violeta.

Temos aí um quadro admirável do modo como cada deus possui sua própria região, não obstante os outros deuses estejam nela representados pelas modificações do elemento do deus dirigente, sendo cada subdivisão caracterizada pelos atributos de um dos outros. Vejamos o fogo,

[22]Os sete planos da literatura teosófica.

por exemplo. *Agni* é o deus regente, que é o fogo em todas as regiões do universo – fogo elétrico, todos os clarões de luz, a luz no céu mais elevado e na terra inferior. Todos estão sob seu controle, são modos de seu ser e o condicionam de acordo com a região onde a manifestação ocorre, até o fogo físico que queima sobre a terra, cujos *devatās* são animados por sua vida. Portanto, *Agni*, o poderoso, o que brilha por si mesmo, que dirige a região ígnea, é ainda chamado no *Sāma Veda* de 'o Senhor do lar', pois o fogo doméstico também é seu, e através desse fogo ele trabalha.

As relações do homem com as hierarquias ascendentes, indo diretamente à *Trimurti*, são estabelecidas em ordem com os ritos, as cerimônias e os deveres religiosos, ligados a cada um em cada estágio. Está de acordo com a evolução espiritual e intelectual do homem o grau de deidade a quem sua adoração deve ser dirigida. Aos que estão apenas despertando para a consciência da mente e que estão sentindo os primeiros fracos incitamentos de devoção, é oferecida alguma forma muito simples de Deus, pois eles não conseguem entender o que quer dizer a palavra em si.

De início, o Hinduísmo oferece a essas pessoas uma forma concreta de um tipo excessivamente limitado; caso contrário, iria apenas atordoar o intelecto que está despertando e confundir o embotado sentimento de devoção que de outro modo poderia gradualmente se desenvolver. Falaríamos ao homem que está trabalhando a terra, que nada conhece a não ser suas sementes, colheitas e gado, suas esperanças de chuva e de sol, sua esposa e filhos, falaríamos a respeito de Brahman, o imaculado, indiviso, que é conhecido do conhecedor do Ser? Se o fizéssemos, ele iria apenas lançar um olhar vazio sobre nós – não lhe ofereceríamos nenhum objeto ao qual ele pudesse dirigir o seu amor, ao qual sua devoção pudesse ser encaminhada. Quando uma planta começa a brotar, não colocamos uma pedra enorme sobre ela, esperando que ela se enrosque na pedra com suas tenras gavinhas; pegamos um graveto fino, e a planta enrosca-se no graveto e cresce por si só e se torna mais forte.

Assim, na religião exotérica do Hinduísmo, o aspecto de Deus que é apresentado é proporcional à habilidade do adorador – sempre um pouco acima dele, um pouco mais elevado do que ele, e sempre de modo a extrair algum sentimento de amor e devoção. A homenagem oferecida eleva-se até o Uno, não importa sob que aspecto esse Uno possa ser visto. 'Uma folha, uma flor, água, uma fruta'[23] oferecida com coração puro, com devoção sincera, é aceita até por Krishna. Pois 'até mesmo os devotos de outros deuses, que adoram plenos de fé, também adoram a mim, ó filho de Kunti, embora contrário à regra antiga'[24]; muito mais do que aqueles que adoram os deuses inferiores de acordo com aquela regra antiga. Uma vez que nada há, 'movente ou não movente, que possa existir sem Mim'[25], o Senhor está na pedra ou na árvore, e é ele próprio que é adorado, e não a mera forma exterior. E é assim que, passo a passo, o adorador é levado para cima como que pela mão de uma mãe amorosa. No capítulo XI do *Bhagavad-Gitā*, Arjuna, não sabendo o que perguntar, implora para ver Sri Krishna como o Senhor do universo, e não na sua forma mais limitada. Sri Krishna lhe concede a graça e lhe deixa ter a divina visão, uma vez que o olho da carne não pode ver Deus. Então, ele brilha em esplendor, como milhares de sóis brilhando ao mesmo tempo nos céus, preenchendo altitudes e profundidades, estendendo-se de leste a oeste, de norte a sul, tudo dentro de sua forma – os deuses, os homens e tudo, dentro de uma imagem divina de glória intolerável.

Arjuna fica estarrecido, aterrorizado, abalado e confuso. Em sua ânsia humana, ele grita: 'Esta Tua vida a fluir me confunde... Mais uma vez eu ficaria contente em Te ver como antes; veste Tua forma de quatro braços novamente, ó Senhor!'[26]

A experiência de Arjuna é uma experiência universal. Deus deve restringir-se ao nosso conhecimento limitado, de outro modo jamais aprenderemos a conhecê-lo. Não se consegue despejar num vasilhame mais do que ele possa conter; o líquido simplesmente transborda por todos os lados; e o grande oceano de Brahman não pode fluir em sua inteireza para dentro desses pequenos vasilhames que apresentamos para

[23] *Bhagavad-Gitā*, 9.26.
[24] Ibid., 9,2.
[25] Ibid., 10. 39.
[26] Ibid., 11.31,46.

recebê-lo. Somente à medida que o vaso se expande, pode cada vez mais daquele Ser ilimitável despejar-se dentro dele.

E assim, no Hinduísmo, temos ritos, cerimônias, observâncias, imagens, inúmeras formas de adoração adaptadas aos inúmeros tipos de conhecimento humano e de ignorância humana. Mas são todas adaptadas para extrair o amor e estimular a devoção; são todas adaptadas para produzir adoração. A atitude da alma é que é importante, e não a forma intelectual na qual a adoração é expressa.

Por esses meios, o homem gradualmente se eleva até a suprema imagem d'Ele, que é o Senhor do universo; ele se eleva à concepção de *Ishvara*, o único Senhor acima de tudo. E dessa maneira, evita-se que ele degrade a sublime concepção do Deus uno aos níveis inferiores de sua ignorância primitiva, transformando o Senhor do universo na imagem das paixões humanas, movendo-se dentro das limitações humanas.

O homem é constantemente lembrado de que não conhece Deus como ele é; ele vislumbra apenas um pequeno raio d'Ele, tanto quanto for a sua capacidade de perceber. E à medida que ele cresce, expande-se a sua concepção d'Ele, iluminando sua mente até que seja capaz de vislumbrar alguma visão ulterior de sua glória. Elevando-se até *Ishvara*, ele pode adorá-lo como *Vishnu* ou como qualquer dos avatares de *Vishnu*. Pode adorá-lo como *Shiva*, o Grande Yogue, o Senhor da Sabedoria. Depois ele alcança o conceito do Uno que subjaz aos muitos em manifestação.

Agora precisamos ver como tudo isso funciona na vida individual da alma, vista externamente nos estágios de sua evolução através dos três mundos. Por vida individual, refiro-me à totalidade da vida da alma desde o momento em que começou sua experiência como alma humana, a partir da formação do *kārana sharira*[27], até quando alcança Brahman e se torna um reflexo perfeito do divino.

O Hinduísmo divide a evolução da alma individual em quatro estágios, representados pela ordem quádrupla das castas. Onde quer que a alma tenha que evoluir, ela tem que atravessar os quatro estágios em realidades internas, embora não em nascimentos externos. O Hinduísmo foi criado para representar o crescimento interior na forma externa,

[27]O corpo causal, que dura por todo o ciclo humano.

para que os homens pudessem aprender as verdades espirituais pela visão dos quadros externos. Vejamos estas castas em sucessão, vendo o que a alma deveria aprender em cada uma delas e como o ambiente foi adaptado para a evolução que avançava.

O estágio inferior era o do *Shudra*, onde havia pouca obrigação, exceto o dever de obediência e serviço. O estágio seguinte era o do *Vaishya*, onde era permitida a riqueza, o seu acúmulo era encorajado, e a alma tinha que aprender o altruísmo no uso que dela fazia. No terceiro estágio, o do *Kshattriya*, a vida, e não apenas os bens materiais, deveriam ser considerados como sacrifício. E, finalmente, temos a casta dos Brâmanes, na qual nada do que é transitório tem o poder de atração, e na qual a alma está residindo no seu o último corpo sobre a Terra.

E além das quatro castas, quando as mesmas tiverem sido vividas por completo e as suas lições aprendidas, situa-se o *samnyāsin*, que não tem casta. Ele não faz uso nem de ritos nem de cerimônias, nem possui nada que pertença à existência passageira. Ele está tão afastado da personalidade que os homens, ao cumprimentá-lo, dizem apenas '*Namo Nārāyanāya*', glorificando o Deus que existe nele em vez de cumprimentar a forma externa.

Vamos, a seguir, dar uma olhada na vida pessoal – a vida que é vivida nos três mundos através de um ciclo de vida pessoal, um período em cada mundo. Aí, mais uma vez, a vida varia de acordo com o estágio alcançado pelo indivíduo, isto é, pelo estágio na vida total da alma. No estágio primitivo, ele terá a vida simples dos sentidos com um pouco da mente inferior, e irá passar tempo considerável em *Bhuvar-loka* e pouco tempo em *Svarga-loka*. À medida que avança intelectualmente, a estada em *Bhuvar-loka* irá diminuir e a de *Svarga-loka* irá aumentar, sendo os seus desejos de natureza tal que encontrarão fruição principalmente no mundo mais elevado. Tomemos um caso de uma ordem ainda mais elevada para mostrar a vida terrena no seu estágio mais elevado antes da prática do *Yoga*, vivida de tal maneira a ponto de minimizar a vida em *Bhuvar-loka* e aumentar a bem-aventurança de *Svarga-loka*.

A vida pessoal na Terra é dividida em quatro estágios ou *āshramas*. Primeiramente, a vida do estudante, onde ele tem que, por assim dizer, ensaiar no novo corpo as virtudes que aprendeu na sua evolução passada, quando pertenceu à casta *Shudra* – obediência, disciplina, reverência, castidade, diligência, dever para com aqueles que estão acima dele, essas são as expressões da vida exigidas do estudante hindu – o primeiro estágio desta vida pessoal.

Então vem o segundo estágio, que é o estágio do homem como marido e pai de família, cumprindo seus deveres de maneira semelhante tanto para o estado como para o lar. Esse é o segundo estágio ou estágio *grhastha*, a escola da virtude altruísta, que pode ser penetrada cada vez mais profundamente por meio da religião. Ele deve realizar os cinco sacrifícios diários, os sacrifícios aos deuses, aos *Pitris*, aos *Rishis*, aos homens e aos animais – trilhando o ciclo do dever diário e da caridade altruísta. Desse modo, todos os débitos são pagos ao invisível e ao visível, e ele está liberto de todo tipo de obrigações diárias.

Existem cerimônias especiais adicionais que marcam cada evento familiar: cerimônias ligadas à vida pré-natal de uma criança, cerimônias ligadas ao nascimento, ao casamento, à morte, à pós-morte, prosseguindo a alma rumo ao mundo invisível – todas elas são estabelecidas como o tecido espiritual dentro do qual a alma deveria se desenvolver.

O mais nobre ideal da vida de casado jamais dado ao mundo encontra-se no Hinduísmo, no qual marido e mulher são reunidos por afinidade espiritual e não pelo desejo da carne; são unidos para o desenvolvimento espiritual nos laços de um casamento indissolúvel. O homem é incapaz de realizar muitas das cerimônias religiosas sem sua esposa, a esposa sendo a *shishyiā*, a pupila do marido, que é guru e esposo.

Vejamos a vida vivida dentro da família – o belo relacionamento dos filhos para com o pai, dos filhos para com a mãe, dos irmãos para com as irmãs –, tudo estabelecido com cuidado e discernimento, sempre com o olhar fixo em uma única ideia: desenvolver a qualidade de amor espiritual que está alvorecendo no homem. Depois, a insistência sobre os valores morais, em constante exposição na grande literatura, conhecida de toda família, dos mais elevados ideais nos quais os homens viveram a vida comum da humanidade e que não obstante foram padrões de virtude, expressando a mais sublime pureza e retidão de vida.

Existe alguma literatura que dê exemplos mais nobres a serem seguidos em cada departamento da vida humana? Poderiam as filhas ter melhores exemplos, digamos de amor marital, do que em Sitā e Sāvitri? Poderiam elas ter inspiração mais elevada para buscar o conhecimento do que os exemplos de Gārgi e Maitreyi? Onde encontramos tipos mais grandiosos de humanidade, perfeitos em todas as diferentes circunstâncias da vida? Se procurarnos padrões de virtude, poderemos encontrar um trio mais nobre do que os três irmãos, Rāma, Lakshmana e Bharata? Conseguiríamos encontrar, em algum lugar, devoção fraternal, amor e serviço mais belamente delineados? Encontraríamos um amor mais fervoroso entre marido e esposa do que entre Rāma e Sitā? Conseguiríamos encontrar exemplos mais equilibrados de mente, de paciência e serenidade do que no governante Yudhishtira, o exilado? Conseguiríamos encontrar em algum lugar dever mais perfeitamente encarnado do que em Bhishma, deitado sobre sua cama de flechas, discorrendo sabedoria divina para as jovens vidas reunidas à sua volta?

Desse modo foi a alma treinada por meio do preceito e do exemplo; assim, de estágio a estágio, foi a alma guiada na prática diária. Depois seguem os dois últimos estágios de vida, quando os deveres familiares foram cumpridos. A vida na floresta, marido e mulher levando consigo o fogo da vida familiar que tinha sido aceso na época do casamento – uma vida de contemplação pacífica distante do mundo, deixando para trás filhos plenamente adultos para desempenharem os deveres do estado e do lar. Depois o estágio final do recluso, do asceta, onde a alma foi deixada face a face com Brahman. Assim foi a vida, ordeira e progressiva, contida e dignificada, por meio da qual a alma foi treinada e se desenvolveu, até que chegou a época em que lá estavam abertas ante ela as três sendas ou *mārgas*, a prática do *Yoga*, começando nos dois últimos estágios das vidas precedentes.

Chegamos à terceira divisão do nosso tema – a ciência do *Yoga*, o caminho por meio do qual o homem pode acelerar sua evolução, expandir sua consciência e se elevar em união com o Supremo. O *Yoga,* ou união foi o estágio final de uma evolução pacientemente trilhada com sempre crescente reconhecimento da meta, da adoração aos *devatās*[28] inferiores

[28]Deuses inferiores, incluindo entidades astrais que estão ocupadas com o processo da Natureza nos dois planos inferiores.

através dos quatro *āshramas* até o treinamento direto para a libertação da alma da roda de nascimentos e mortes.

Existem três sendas, e cada uma possui seu próprio *Yoga*. *Karma-mārga*, cujo estágio final é *karma-yoga*; *jñāna-mārga*, terminando em *jñāna-yoga*; *bhakti-mārga*, terminando em *bhakti-yoga*[29]. Para todas elas, a sujeição dos sentidos e o controle da mente são pré-requisitos essenciais, mas os métodos para consegui-los diferem com as sendas.

No *karma-mārga*, o homem aprende por meio da prática constante na vida diária. No lar, ele pratica a restrição dos sentidos, é abnegado. Ele obtém o controle sobre a mente por meio da meditação diária, pela retidão e diligência nos negócios, fazendo uso constante das oportunidades de manter a concentração e o equilíbrio em meio às distrações e ao turbilhão da vida.

Quando, através de vidas de tamanho esforço, encontrar-se preparado, ele começa o *karma-yoga*, por meio do qual aprende a executar a ação como dever, sem desejo de recompensa ('renúncia aos frutos da ação', como é chamado). Ele executa cada dever com fidelidade escrupulosa, mas renuncia aos resultados. Finalmente, executa cada ação como sacrifício supremo; seu único motivo: fazer a vontade de *Ishvara*.

Desse modo, embora vivendo no mundo, ele não tem apegos; de coração, é o desapegado, o peregrino[30]. E assim ele constrói sua 'cabana' e tem o seu local solitário para meditar. Compreende, dessa maneira, o puro 'Eu' e sua unidade com os outros 'Eus', e é o *hamsa*. E assim, eleva-se acima do 'eu' e se torna o *paramahamsa*[31]. Por meio da renúncia e do sacrifício, *ahamkāra*[32] é destruído; e com sua destruição, os véus que o cegavam caem de seus olhos e ele é inundado de *jñāna* e *bhakti*,

---

[29] A senda da ação; a senda da sabedoria; a senda da devoção. *Yoga*, ou união com o Ser, pode ser praticado e atingido por qualquer um desses três caminhos.

[30] Esta passagem se refere aos nomes clássicos das quatro iniciações superiores segundo a tradição hindu:

1ª) *Parivrajaka* (sem morada neste mundo);

2ª) *Kutichaka* (aquele que construiu uma cabana no mundo celeste);

3ª) *Hamsa* (o cisne mitológico que com seu bico é capaz de separar o leite da água, ou seja, o duradouro ou imortal do transitório ou mortal);

4ª) *Paramahamsa* (aquele que está além do *Hamsa*, o *Arhat*, o Venerável)

[31] Esses estágios estão descritos abaixo, no *jñāna-mārga*.

[32] A qualidade de 'egoidade' (*I-ness*, no original), separatividade.

pois o fim das três sendas é um só.

Para o *jñāna-mārga*, o homem desenvolve seu intelecto por meio do estudo perseguido através de muitas vidas, até que tenha alcançado um ponto no qual começa a se cansar do simples conhecimento e busca a verdade permanente, da qual todo conhecimento é apenas uma parte. Ele então deve desenvolver *viveka*, o discernimento entre o real e o irreal; *vairāgya*, desgosto pelo irreal; *shatsampatti*, as seis qualificações mentais (*sama*, controle da mente; *dama*, controle do corpo; *uparati*, tolerância ampla; *titikshā*, paciência; *shraddhā*, fé; *samādhāna*, equilíbrio); ele deve ter *mumukshā*, o anelo por libertação do que é transitório. Então, com tudo isso, ele é o *adhikārin*, o homem talhado para receber a iniciação no *Yoga*[33].

Depois ele segue o *jñāna-yoga*; e discernindo a falta de valor do transitório, torna-se o *parivrājaka* – o andarilho desapegado do desejo, o homem sem lar. Todavia, por meio de visão mais profunda, ele compreende o permanente, e aí repousa como sua base segura, tornando-se o *kutichaka*, o habitante da cabana, residindo naquele seguro local de repouso.

Então ele sente claramente a autoconsciência, compreende o Eu superior e vê o mesmo Eu superior nos outros, o estágio *hamsa*. Elevando-se acima desse estágio, à medida que a visão espiritual é clarificada e a consciência se expande, ele se torna o *Paramahamsa*, além do 'eu', e realiza o 'Eu sou Ele'.

Bhakti-mārga é trilhado pela alma cujas afeições estão dirigidas para algum aspecto manifestado de Deus. Os seus estágios iniciais são aqueles da adoração devotada, da reverência e do amor profundos. Gradualmente a alma adquire as qualidades que venera, tornando-se aquilo que adora. O desapego obtido pela renúncia em *karma-mārga*, pelo discernimento em *jñāna-mārga*, ela obtém pela expulsão de todos os apegos inferiores, pelo apego único ao Senhor. Pelo amor, subjuga todos os desejos inferiores, e eles murcham por falta de expressão; o sacrifício é um ato de alegria que provém da devoção.

Cada um dos quatro estágios é trilhado com amor, como meio ativo de realização, até que o amor que venerava encontre o objeto de sua veneração

---

[33]Estas eram as qualificações estabelecidas por Sri Shankarāchārya antes que fosse permitido a um homem estudar o *Vedānta*, pois o *Vedānta* não pode ser compreendido sem o *Yoga*.

e, abraçando-o, sinta-se fundindo em completa unidade com seu Amado.

Na verdade, as três sendas se fundem; e nos estágios mais elevados, uma não pode ser separada da outra, pois o *karma-yogue* está cheio de *bhakti* e também pelo sacrifício destrói *ahamkāra*, tornando-se assim perfeito em sabedoria. O *jñāna* e o *bhakta* adquirem cada um as qualidades do outro. No coração do *bhakta*, a sabedoria eleva-se espontaneamente; e no coração do *jñāna*, *bhakti* floresce como resultado inevitável da visão.

Nos estágios finais de cada senda, logo que seus serviços se façam necessários, o guru aparece e toma a alma sob sua orientação; o homem torna-se um *shishya* ou *chela*[34]. O guru não aparece para o despreparado, para o que não está pronto, embora a impaciência do homem frequentemente reclame sua presença quando essa presença não seria notada se lá estivesse. Ele guia a alma através dos estágios finais, dando a ajuda que for necessária, ajudando-a a desabrochar as potencialidades divinas em seu interior, acelerando assim sua evolução até que a realização seja alcançada.

Então o *chela*, por sua vez, torna-se a alma liberta, pronta e preparada para auxiliar no progresso dos menos avançados. Ele se torna o *jivanmukta*[35] vivendo ainda no corpo, um elo entre a humanidade física e a humanidade espiritual, um canal de força divina e amor divino para o homem. Ou ele pode se tornar o *videhamukta*[36], vivendo no mundo invisível, ainda prestando serviço ao Uno, ainda levando a cabo o propósito divino, servindo de outras maneiras como um canal de vida espiritual para os homens. Esses seres poderosos pagam seus débitos aos seus próprios gurus pelo serviço aos discípulos atuais e futuros, da mesma maneira como receberam sua própria iluminação de gurus que se desenvolveram no passado. Assim universo segue universo, cada um ajudando seus sucessores, até que nosso pensamento não mais consiga se expressar e a faculdade humana caia prostrada, incapaz de se elevar mais além.

Dessa forma, expresso de maneira bastante imperfeita, é a religião fundada em antiguidade imemorial, que descende dos *rishis*. Tal deveria ser nossa religião, herdeiros do passado, descendentes daqueles

---

[34]Um discípulo.
[35]A alma liberada.
[36]O ser liberado sem corpo.

seres poderosos! Exatamente na medida em que a vivemos, somos realmente herdeiros deles. Exatamente na medida em que nos seja cara e a pratiquemos, estamos aprendendo a lição da evolução como foi ensinada por eles e oferecida aos povos que instruíram. Precisamente, até agora, essa nação tem tirado proveito por meio de oportunidades maiores do que aquelas oferecidas a qualquer outra – oportunidades que desperdiçadas serão lamentadas sob condições menos favoráveis em muitas vidas vindouras.

ZOROASTRISMO

SIGNIFICADO DO SÍMBOLO

FARAVAHAR* OU *FEROHAR: Representação da alma humana antes do nascimento e depois da morte.

Nos últimos tempos, uma das diferenças que continuamente surgem entre conhecimento oculto e ciência oriental no Ocidente é a questão da idade das grandes religiões. Quando nos referimos ao Budismo e ao Cristianismo, a diferença fica limitada à questão de um século ou dois. Mas com relação tanto ao Hinduísmo quanto ao Zoroastrismo, existe conflito entre Orientalismo e Ocultismo – um conflito que não parece provável cessar; pois é mais do que certo que os ocultistas não mudarão de posição, e é provável que os orientalistas, por sua vez, só serão levados a recuar estágio a estágio com o desvelar de cidades antigas, com a descoberta de monumentos antigos. E esse é um processo lento. Hinduísmo e Zoroastrismo recuam no que a história poderia chamar 'a noite do tempo', sendo o Hinduísmo a mais antiga e o Zoroastrismo a segunda religião na evolução da raça ariana.

Proponho olhar para as mudanças de opinião pelas quais passaram os orientalistas para lhes mostrar como eles gradualmente estão sendo forçados a recuar, disputando, podemos dizer, palmo a palmo, século após século, à medida que evidências crescentes apontam para uma antiguidade ainda maior. Depois tomarei o testemunho oculto, e veremos onde ele coloca a religião do Profeta iraniano.

Descobrimos, ao olharmos suas obras, que alguns escritores situam esse profeta – chamado às vezes Zoroastro e ultimamente Zaratustra – por volta de 610 a.C. Isso o faria contemporâneo do Buddha e de Platão – uma posição que repousa na autoridade muçulmana e que, se alguma vez foi seriamente considerada pelos orientalistas europeus, agora pelo menos foi inteiramente descartada. O Dr. L. H. Mills, considerado uma das maiores autoridades europeias, fez a tradução padrão dos *Gāthās* e com ela publicou as várias outras traduções autorizadas; para lidar com essa questão da antiguidade, deve-se contar com a evidência da língua. Ele diz que os *Gāthās* são escritos numa língua que está evidentemente relacionada ao sânscrito védico, sendo 'muito posteriores aos mais antigos *Riks*'[37].

Ora, ele situa o *Rig Veda* na data absurda de apenas 4000 a.C.; e baseando-se naquela data, situou os *Gāthās* em 1000 a.C., e possivelmente não anteriormente a 1500 a.C. De modo que temos de 610 a.C. a 1000 a.C. ou até mesmo 1500 a.C. como nosso primeiro passo retrocesso.

[37] *Zend-Avesta*, Introdução, p.37; *Livros Sagrados do Oriente*, 31.

Mas o Dr. Mills diz que estas obras podem ser muito mais antigas – como o são, na realidade. Em obra posterior, escrevendo em 1890, ele diz: 'Deixei de resistir à convicção de que o último limite [1500 a.C.] possa ser colocado mais para trás. Se antecederem à adoração de Mitra, não há como dizer a idade que têm. A decisão da crítica é abster-se de conjecturas que limitem demais a sua idade'[38].

Então, chegamos à visão assumida pelo erudito alemão, Dr. Haug, e descobrimos que ele admite uma antiguidade maior, baseando-se na destruição da biblioteca de Persépolis por Alexandre em 329 a.C. Ele argumenta que, para que uma tão vasta biblioteca fosse reunida, deveríamos pressupor uma maior antiguidade simplesmente pelo tempo necessário para se escrever e reunir os livros. O escrito não estava completo, pensa ele, por volta de 400 a.C. Não é possível, diz ele, por fim, situar a época de Zoroastro depois de 1000 a.C., e considera 2800 a.C. como uma data mais provável, conquanto ele possa ser muito mais velho[39].

O Dr. Haug afirma ainda: 'Sob nenhuma circunstância podemos designar-lhe uma data posterior a 1000 a.C., e pode-se até mesmo encontrar razões para situá-lo numa época muito anterior e torná-lo contemporâneo de Moisés. Plínio, que compara tanto Moisés quanto Zoroastro, aos quais chama de inventores de dois tipos de ritos de magia, vai mais além e diz que Zoroastro viveu vários milhares de anos antes de Moisés[40].

Assim, estamos recuando gradualmente de 610 a.C. para 1500 a.C, de 1500 a.C a 2800 a.C, e, possivelmente, a primeira proclamação das famosas verdades pelo profeta possa ter sido muito anterior. No entanto, o testemunho grego – e ele é valioso por ser muito mais antigo do que as visões de nossos modernos orientalistas – situa a data, mais uma vez, muito mais para trás.

Aristóteles, por exemplo, situa a data do profeta em 9600 a.C., colocando 6000 anos antes da era de Platão, e podemos geralmente dizer que esta é a visão assumida pelos historiadores gregos. Algo em torno de 9000 anos antes da era cristã seria a data designada por eles para os ensinamentos do profeta[41].

---

[38] *A Study of the Five Zarathushtrian Gāthās*, com tradução *pahlevi*. O texto sânscrito de Naryosangh e o texto persa traduzidos, e um comentário. Introdução, pp. xix, xx.

[39] *Essays on the Parsis*, do Dr. Martin Haug; *Trüb's Oriental Series*, p. 136.

[40] Ibid., p. 299.

[41] Ibid., p. 298.

As descobertas que estão agora sendo feitas pelos arqueólogos europeus estão muito mais do lado da controvérsia, que empurra os primórdios da religião cada vez mais para trás; pois, por mais que tenhamos que ligar essa tradição dos zoroastrianos à tradição da Caldeia, à tradição de Nínive e da Babilônia, as últimas pesquisas nessas áreas lançam alguma luz sobre a questão.

Descobrimos a história daquela terra sobre a qual, em determinada época, esta religião reinou sem rivais, preservada em escrita cuneiforme, que pode ser seguida até pelo menos 7000 anos antes de Cristo, e provavelmente, disse o descobridor, até 8000 anos a.C. Esta escrita cuneiforme está agora sendo traduzida, e é possível que, quando for publicada, possa haver evidência suficiente para corroborar a antiguidade da religião de Zoroastro, que até mesmo a ciência europeia irá aceitar.

O Ocultismo lança os primórdios dos seus ensinamentos bem para trás, era após era por trás destas datas. Os ocultistas possuem dois tipos de registro em que podem confiar. Primeiramente, a Grande Fraternidade preservou os escritos antigos, coletados na época em que foram escritos. Esses escritos estão guardados com segurança em templos subterrâneos, bibliotecas subterrâneas, onde nenhum inimigo pode encontrá-los. Lá, milênio após milênio, o conhecimento do mundo é coletado na sua forma escrita, e há homens e mulheres de hoje em dia que receberam permissão para pôr os olhos sobre muitos desses escritos antigos, o próprio conhecimento do que se passou no mundo da história profana – escritos na antiga língua sacerdotal, diferente de qualquer coisa que a mais antiga das raças agora conhece.

O ocultista depende também desses registros escritos imperecíveis, como às vezes dizemos, no próprio *ākāsha*. Existe um meio sutil que, como uma placa sensível, para usar uma analogia física, registra todo evento que acontece, mesmo nos seus mínimos detalhes – a fotografia, por assim dizer, da correta evolução do homem até o mais diminuto incidente, e que a qualquer tempo pode ser lido por aqueles que se tenham treinado para o estudo, que estejam desejosos de se submeter à disciplina necessária para tal pesquisa.

Assim, o registro pode ser verificado por cada pesquisador subsequente; temos sucessivos testemunhos de peritos que estudam esses registros antiquíssimos e que não veem meros caracteres escritos, mas os eventos do passado se movendo ante eles exatamente como ocorreram, cheios de vida.

De acordo com esses registros, esta religião que nos tempos modernos é chamada de Zoroastrismo, a religião dos *parsis*, é a segunda das religiões do tronco ariano. Os iranianos – surgindo da mesma terra que foi berço da primeira família, mas espalhando-se para oeste, por sobre aquela vasta extensão de território que inclui não apenas a moderna Pérsia (atual Irã) mas também o reino da antiga Pérsia – foram liderados em sua primeira migração até lá pelo seu grande profeta Zoroastro, que, para eles, detinha a mesma posição que o *Manu* com relação à raça ariana original. Ele pertencia à mesma poderosa Fraternidade, e era um alto Iniciado da mesma Grande Loja, aprendeu com os mesmos instrutores, os Filhos do Fogo. Muitos de vocês ja devem ter lido naqueles registros mais antigos do *Livro de Dzyan*, que aparecem n'*A Doutrina Secreta*[42], sobre os Filhos do Fogo, que foram os instrutores de todos os grandes Iniciados, chamados por sua vez, os Senhores da Chama.

Ele veio como instrutor no início dessa sub-raça iraniana, para lhes dar as verdades antigas sob uma forma apropriada para a civilização que deveria crescer entre eles; numa forma adaptada para o tipo de mente que deveria desenvolver-se, adaptada para treiná-los e desenvolvê-los, da mesma maneira como outras crenças foram dadas a outros povos com o mesmo objetivo e em bases semelhantes.

Daquele poderoso instrutor sucedeu-se uma linha de profetas que dirigiu o antigo desenvolvimento do povo iraniano. Quando falamos de tal linha de profetas, não se suponha que cada profeta seja um indivíduo separado, pois a mesma alma frequentemente reencarna repetidamente na mesma função. Homens tais como, digamos, Veda Vyāsa, não tiveram apenas um único nascimento sobre a Terra, mas muitos, pois esses homens estão sempre vivendo em contato com a Terra. Estão sempre supervisionando a evolução espiritual da humanidade, e surgem de tempos em tempos, de era em era, manifestando-se num corpo da época em que aparecem – o mesmo grande mestre, a mesma alma liberada, o mesmo

[42]H.P. Blavatsky, I, Estância 4,1.

poderoso instrutor, repetidamente assumindo o mesmo nome como para sugerir a identidade espiritual aos surdos ouvidos dos homens.

Seguindo-se esta linha de profetas, ou esse profeta, começamos a ver onde entra a tradição grega, e compreendemos que o Zoroastro de que falou Aristóteles 9600 anos antes daquilo que chamamos de era do Cristo (datada certamente por ele a partir de Platão, não de Cristo) foi o sétimo com esse nome a partir do Zoroastro original, e não o primeiro, como supunham os gregos, e – como eu muito frequentemente imagino – muitos dos modernos *parsis* estão desejosos de acreditar. Ele foi o sétimo na linha de instrutores que vieram reviver e reforçar o ensinamento quando esse estava afundando e ameaçado de ser substituído.

Depois disso, houve ainda outro Zoroastro, cerca de 4000 anos antes de Cristo, que mais uma vez reviveu o ensinamento antigo, mais uma vez repetiu as verdades essenciais, transmitindo-as uma vez mais com autoridade divina, por meio daquele fogo sagrado que é o símbolo da Deidade e que é, na verdade, a sua voz.

À medida que estudamos essa sucessão de profetas, vemos que a partir daquela religião antiga surgiu o que é chamado a 'grande ciência', a 'magia' dos caldeus. Compreendemos que os Magos da antiguidade eram instrutores e sacerdotes desta mesma fé antiga, e que, quando há mais de 20.000 anos o sábio caldeu postou-se sobre o teto do seu observatório e marcou e registrou a passagem das estrelas, ele foi um dos descendentes comparativamente modernos da longa linha de Magos, um dos representantes comparativamente modernos da antiga fé zoroastriana.

Voltemos, então, e vejamos o ensinamento à luz de sua forma primitiva, muito embora tenhamos apenas suas últimas revisões, até onde a erudição nos diz respeito. Descobriremos que, apesar de ocultas nas suas versões posteriores, as antigas verdades são reconhecíveis; e que embora muitas dessas verdades tenham sido distorcidas e materializadas sob a forma moderna, ainda assim o ocultista pode reconhecê-las. Ele ainda as pode assinalar para aqueles que seguem essa fé antiga e pode exortar os modernos *parsis*, em nome do antigo profeta, a se elevarem acima do materialismo moderno e dos limites insignificantes do moderno orientalismo e reivindicarem sua legítima dignidade, como uma das mais antigas religiões do mundo. Que eles se unam à imemorial tradição oculta e não degradem a si mesmos aceitando qualquer sugestão passageira de erudição europeia.

Lembremos que esses antigos iranianos eram arianos e não semitas. Esse é um dos pontos sobre os quais houve contenda, e logo veremos como a linguagem corrobora a controvérsia oculta. Nós admitimos, certamente, uma intermistura semítica em épocas muito posteriores. Mas os iranianos provêm do tronco ariano e são realmente uma raça irmã dos arianos ao sul dos Himalaias.

O primeiro Zoroastro, ao ensinar mais uma vez os princípios essenciais que são a fundação de toda fé e que em cada fé são passíveis de serem sobrecarregados com acréscimos posteriores, fundiu filosofia e religião de uma maneira notável. Vindo para fundar uma civilização que tinha suas próprias características peculiares, que era de caráter essencialmente agrícola, que era completamente permeada pela ideia do lado prático da vida, que tinha por objetivo treinar os homens de uma maneira prática numa fé nobre e numa sublime moralidade, ele não deu uma filosofia metafísica e uma religião esotérica ao ligar as duas. Mas interligou as duas de modo que é quase impossível fazer um apanhado de cada uma delas separadamente. Uma melhor ideia do todo é obtida seguindo-se o seu método, e estudando-se a filosofia e a religião como um sistema único.

Tendo presciência da civilização especial que deveria crescer, ele proveu uma imensa quantidade de ciência astronômica – tão necessária para o povo engajado na agricultura – entretecida com o ensinamento da filosofia e da religião, e a trouxe em sua forma oculta e não sob a pobre e reduzida apresentação moderna.

Para ele, as estrelas não eram simples massas de matéria postas a girar por meio de leis cegas e inconscientes em torno de sóis inconscientes. Os planetas em torno do sol e as estrelas nos céus mais elevados eram os corpos de Inteligências espirituais, cuja vontade era a lei que lhes guiava e cujo conhecimento assegurava a estabilidade do universo. Ele ensinou astronomia não como matéria morta e energia sem alma, mas como Inteligências vivas, movendo-se em ordem imutável porque guiadas pela perfeita sabedoria e vontade resoluta. Ele ensinou astronomia como a viva ciência oculta da sabedoria espiritual expressa no universo material, a forma inferior de sua expressão.

A partir dos ensinamentos da filosofia religiosa e da ciência, desenvolveu-se a ética que até os dias de hoje é a glória do credo zoroastriano. Uma pureza prática perfeita é a nota fundamental daquela moralidade – pureza em cada ação da vida pessoal, pureza em cada relação com a natureza externa, honrando os elementos externos como manifestações da pureza divina, guardando, por assim dizer, sua pureza imaculada como homenagem à Vida de onde o todo procede.

Descobriremos, à medida que prosseguirmos, que esses são os pontos proeminentes do seu ensinamento. Mas antes que os abordemos um a um, devemos dar uma olhada nessa questão da linguagem, pois precisamos ter essa compreensão em alguma extensão se quisermos acompanhar os ensinamentos através dos diferentes livros que atualmente estão em nossas mãos.

A linguagem na sua forma mais antiga, a linguagem do *avesta*, justifica a afirmação oculta da antiguidade da fé zoroastriana; pois pelo testemunho dos orientalistas europeus – e estou bastante inclinada a considerá-lo quando ele dá suporte à visão oculta – esta língua *avesta*, mesmo como é hoje nas suas últimas revisões, é um dialeto ariano e está ligada ao sânscrito dos *Vedas*.

Estaria um pouco fora do tema dizer alguma coisa a respeito das mudanças que ocorreram no desenvolvimento do sânscrito nesse país, mudanças que são notáveis entre o sânscrito dos *Vedas* e o sânscrito clássico dos dias posteriores; mas o *avesta* está unido ao antigo, ao sânscrito *veda*[43], e aquele sânscrito, como nos diz o nosso doutor alemão, é um irmão mais velho da língua *avesta*[44].

Não apenas esta similaridade está clara e distintamente marcada nas palavras que são usadas como vai muito além das próprias palavras. Os antigos *Gāthās* ou hinos são escritos em métricas que são bastante relacionadas às do *Sāmaveda*. O ritmo deles, suas bases e o método evidente de suas cantigas estão intimamente relacionados àqueles que

[43] *Essays on the Pārsis*, p.70.
[44] Ibid., p.40.

ainda existem entre os hindus. Assim, quando encontramos esta marca de antiguidade sobre eles e à medida que recuamos mais à antiguidade dos *Vedas* (apesar dos orientalistas), trazemos conosco a fé zoroastriana, unindo as duas, tal como estiveram unidas nos seus primórdios no longínquo passado dos dois grandes povos. Aqueles cânticos maravilhosos do mundo antigo, que produzem resultados no invisível, que controlam as inteligências inferiores e que se elevam até o máximo na linguagem da cor e da música – esses *gāthās* foram cantados naquela mesma *svara* arcaica; e embora perdidos pelos sacerdotes do moderno Zoroastrismo, os ecos são ainda recuperáveis a partir dos registros do *ākāsha*.

Deixando agora a linguagem *avesta* e voltando-nos para aquela muito contestada palavra 'Zend' – que alguns dizem ser uma linguagem enquanto outros dizem ser um comentário –, até que ponto a erudição europeia lança luz sobre a questão?

Alguns deles dizem – e aqui eu temo que os modernos *parsis* tendam a concordar com eles – que a *Zend* é nada mais que uma tradução e um comentário *pahlavi* modernos sobre os escritos antigos. Certamente, a palavra é aplicada com constância simplesmente àquela tradução, feita na dinastia Sassaniana em tempos comparativamente modernos. Mas alguns eruditos europeus rejeitam essa argumentação e declaram que a *Zend* é o comentário original escrito na língua *avesta* e que, portanto, remonta mais uma vez aos tempos antigos, aos tempos da língua unida ao sânscrito dos *Vedas*.

O Dr. Haug diz que a partir do 'uso das denominações *Avesta* e *Zend* pelos tradutores *pahlavi*, estamos plenamente autorizados a concluir que a *Zend* por eles mencionada era um comentário sobre o *avesta* já existente antes de eles empreenderem sua tradução; e como eles a consideravam sagrada, esta *Zend* estava provavelmente na mesma língua que o *avesta* original. Originalmente, (*Zend*) queria dizer os comentários feitos pelos sucessores de Zaratustra sobre os escritos sagrados do profeta e de seus discípulos imediatos. Esses comentários devem ter sido escritos quase na mesma língua que o texto original; e como aquela língua gradualmente se tornou ininteligível para todos exceto para os sacerdotes, os comentários eram considerados parte do texto, e fez-se necessária uma nova explicação ou *Zend*. Esta nova *Zend* foi fornecida pelos sacerdotes mais cultos do período Sassaniano sob a forma de uma tradução para o *pahlavi*, a língua vernácula da Pérsia daqueles dias; em tempos posteriores, o termo *Zend* tem sido confinado a esta tradução[45].

Pode-se, em grande parte, provar que é verdadeira a argumentação de que a *Zend* era um comentário se mais uma vez nos voltarmos para o testemunho oculto e não para o testemunho da erudição moderna. Pois encontramos, na evidência de H. P. Blavatsky (que escrevia sobre aquilo que estava dentro de seu próprio aprendizado, a partir de seu próprio estudo, sob a supervisão de seu Guru), que esse comentário – a *Zend* original dos iranianos – era um comentário escrito numa língua derivada daquela antiga língua sacerdotal à qual fiz alusão no início.

Existe uma língua conhecida de todos os ocultistas, não uma língua de letras como entendido em nossos idiomas modernos, mas uma língua de sinais, símbolos, cores e sons, que ecoa na música e brilha na cor, e que assume suas próprias formas, que cada Iniciado pode reconhecer e traduzir para as línguas inferiores do mundo intelectual.

Às vezes tem sido chamada de *Zenzar* e às vezes de *Deva-bhāsha*. H. P. Blavatsky diz da *Zend*: 'Significa, como foi corretamente declarado, "um comentário ou explicação"; mas significa também aquilo que os orientalistas não parecem ter qualquer ideia a respeito, a saber: o "provimento das sentenças esotéricas", o véu usado para ocultar o correto significado dos textos do *Zend-zar*, a língua sacerdotal usada pelos Iniciados da Índia arcaica. Agora, encontrada em várias descrições indecifráveis, ela ainda é usada e estudada até o dia de hoje nas comunidades secretas dos adeptos do Oriente, e é chamada por eles – de acordo com a localidade – de *Zend-zar* e Brahma ou *Deva-bhāshā*. O texto *Zend* é apenas um código secreto de certas palavras e expressões, sobre as quais concordavam os compiladores originais, e a chave para as quais só os Iniciados possuem'[46].

Muitos nomes têm sido dados à língua, e eles variam em cada idioma; mas o essencial é que tal língua existe, que é conhecida hoje em

[45] *Essays on the Pārsis*, pp. 120,122.
[46] *The Theosophist*, vol. 4, '*Zoroastrianism*' p. 224.

dia como o foi há um milhão de anos, que as pessoas a aprendem agora como a aprendiam então, que a instrução oculta é ministrada nessa língua e não nos sons toscamente articulados por uma língua física, e que a partir dessa língua as verdades são traduzidas para os mais antigos idiomas intelectuais dela derivados.

O sânscrito védico é o eco mais antigo daquela língua arcaica, e a *Zend* dos iranianos possui a mesma raiz, oriunda da mesma fonte.

Posteriormente, quando chegamos às traduções *pahlavi*, descobrimos que estamos dentro do que é geralmente chamado tempo histórico. '*pahlavi*' é agora usado somente para denotar 'a língua escrita da Pérsia durante a dinastia Sassaniana, e para a literatura daquele período e a de um curto período posterior'[47]; mas em tempos pretéritos, ela era usada geralmente pelos antigos persas.

Encontramos aqui traços da influência semítica, e argumenta-se que esses traços podem ser seguidos até por volta de 600 anos antes da época do Cristo[48].

Seiscentos anos antes da época do Cristo é era moderna para o ocultista. Ele lida com milênios e não com séculos, e esse sinal da influência semítica nos últimos tempos não tem influência sobre seu julgamento quanto à origem da fé antiga.

Devemos passar desta questão da linguagem para outro controvertido ponto de importância, que é excessivamente negligenciado. A tradição dos caldeus, do modo como foi preservada através dos gregos, é de vital interesse, embora pareça ser ignorada atualmente pelo moderno Zoroastrismo. Pode-se dizer que surgiu como exposto a seguir.

Admite-se que na época de Alexandre havia uma enorme biblioteca em Persépolis, e que ele a queimou por bebedeira ou por vingança. Por isso ele é constantemente chamado 'o maldito Alexandre' em todos os escritos posteriores pertencentes à fé de Zoroastro.

Ora, existe evidência de que naquela época havia dois conjuntos completos de literatura zoroastriana. Um desses ficava na biblioteca, e por isso foi destruído. O outro conjunto foi arrebatado pelos conquistadores gregos e traduzido para o grego.

---

[47] *Essays on the Pārsis*, p.81. A dinastia Sassaniana floresceu de 226 d.C a 653 d.C, quando foi varrida pelos muçulmanos.

[48] Ibid., p.81.

Desse conjunto, pouca coisa sobreviveu, mas fragmentos permanecem na *Nabathean Agriculture*, nas citações feitas a partir dela pelos escritores neoplatônicos, que falam dos *Oracles of Zoroaster* e dos ensinamentos daquele profeta. Esses traços do ensinamento antigo, preservados na literatura dos gregos, fortalecem e corroboram a reconhecida tradição zoroastriana. Por que então não deveria essa assistência ser aceita no esforço para consubstanciar a antiguidade da religião? Por que não deveriam os modernos *parsis* utilizar a evidência que chega até eles através desta outra linha, uma vez que se descobriu que as duas linhas se fundem em uma? Esses fragmentos preservados pelos autores gregos, que tinham dado testemunho na literatura da nação grega, ainda respiram o espírito antigo e corroboram os ensinamentos de Zoroastro.

Voltemo-nos agora para a literatura em si e consideremos nossos documentos. Primeiramente vem o *Yasna*, cuja parte mais antiga consiste dos *Gāthās*, os hinos e ensinamentos que provêm da boca do grande profeta. Eles são agora apenas cinco em número e, como aceito nos dias atuais, são meros fragmentos. Mas são dignificados, sublimes e grandes, dando testemunho da nobreza do ensinamento antigo.

Esses fragmentos formam a primeira parte do *Yasna*; a segunda parte consiste de orações e cerimônias – orações dirigidas à Deidade suprema, orações igualmente dirigidas aos seres poderosos que estão abaixo dela, formando a hierarquia espiritual.

Pois o Zoroastrismo antigo nada sabia daquele moderno materialismo que tenta colocar Deus em um polo do universo e o homem e seu mundo em outro, com um enorme abismo de espaço aberto e vazio entre eles. No Zoroastrismo, como em qualquer outra fé antiga, não havia abismo no universo, não havia espaço vazio, não havia lugar onde não houvesse Inteligências vivas, nem lugar onde os seres espirituais não trabalhassem. Do homem, próximo da base da escada, ao Deus supremo no topo, havia Inteligências em graus variados, que se elevavam cada vez mais alto, mais e mais divinas, e eram todas objeto de adoração – um fato que é atestado por toda a literatura do Zoroastrismo.

Depois do *Yasna*, com suas duas partes, temos o *Visparad*, uma coleção de invocações preparatórias para serem usadas antes de outras orações e sacrifícios. Esses dois, o *Yasna* e o *Visparad*, podem ser considerados como detendo, no Zoroastrismo, posição semelhante aos *Vedas* no Hinduísmo.

Abaixo desses dois vem o que foi certa vez uma vasta quantidade de literatura da qual, na maior parte, só sobrevivem agora os nomes. Há um livro completo, e alguns poucos fragmentos do restante, de uma lista de vinte e um tratados, cujos conteúdos, toscamente esboçados, estão também registrados – os vinte e um *Nasks*, como são chamados. Eles tratam das ciências de todo tipo – medicina, astronomia, agricultura, botânica, filosofia – aliás, de toda a gama de ciências e leis. Eles detêm a posição mantida pelo *Vedānga* no Hinduísmo. (Enfatizo estas analogias porque elas em muito fortalecem nossa posição quanto à antiguidade e dignidade desta fé antiga). Desses, apenas um livro sobrevive em sua inteireza, o *Vendidad*, o livro das leis que tratam da preservação da pureza tanto na natureza externa quanto no homem.

A seguir temos o *Khordah Avesta* ou pequeno *Avesta*, que consiste de *yashts* (invocações) e orações para o uso dos leigos e não dos sacerdotes, sendo muitas delas usadas diariamente pelos modernos *parsis*. É uma coleção mista – alguns fragmentos muito antigos, outros comparativamente recentes.

Após o incêndio da biblioteca de Persépolis, sucedeu-se um período de quinhentos e cinquenta anos de anarquia e tumulto; e foi somente ao término desse período que, sob o domínio dos monarcas sassanianos, os fragmentos remanescentes da literatura zoroastriana foram reunidos. Não é de admirar que apenas fragmentos tenham permanecido – fragmentos de um todo certa vez glorioso, como pedaços de um mosaico, separados do berço onde formavam parte de um quadro grande e inteligível. Somente aqueles que conseguirem recuperar o quadro poderão ver onde se encaixa cada fragmento, e assim julgar a beleza original do todo.

A explicação desses detalhes preliminares se faz necessária porque para a maioria das pessoas eles são quase desconhecidos e, contudo, sem algum conhecimento deles, é impossível apreciar o peso da evidência por meio da qual a antiguidade, tanto da filosofia quanto da religião, é sustentada. E podemos dizer também que é necessário ver onde ocorrem as lacunas na evidência para apreciar como foram perdidas, o quão fragmentárias são as escrituras que permanecem em nossas mãos, e quão imperfeita deve ser portanto qualquer afirmativa da filosofia e da religião extraída de apenas uma delas. Basta, porém, substanciar a proposição de que o Zoroastrismo está de acordo com o ensinamento oculto em todos os pontos importantes, exceto um. Nas escrituras, tal como aceitas pelos *parsis* ortodoxos, não se encontra a reencarnação; ela é ensinada nos fragmentos preservados pelos gregos e no *Desatir*, um livro que contém muita verdade oculta, mas nenhum desses é considerado como autoridade.

Voltemo-nos agora para a filosofia e a religião. E como infelizmente tem havido uma reação materialista sob influência europeia, é necessário citar verso a verso das escrituras recebidas para estabelecer os antigos ensinamentos ocultos.

No topo do universo manifestado está *Ahura-Mazda*, às vezes traduzido como a Sabedoria Viva, às vezes como o Senhor da Sabedoria, às vezes como o Sábio Senhor. As inscrições cuneiformes têm *Auramazda*, o *Auramazda* sassaniano, e o persa moderno é *Hormazd* ou *Ormuzd*[49].

Ele é o Supremo, o Universal, o Onipenetrante, a Fonte e o Nascedouro da Vida. Na religião zoroastriana, ele detém a mesma posição que o Brahman manifestado dos *Upanishades*, que surgiu no início, o Uno, a fonte de vida para o homem. Ele é descrito repetidamente nas diferentes escrituras, não tão plenamente nos *Gāthās* – embora lá também esteja em parte – como em algumas das orações e invocações. Vejamos dois exemplos que descrevem esse Ser poderoso, para que possamos compreender quão sublime é o conceito e quão grandiosa é esta ideia do Deus primevo.

No *Ormazd Yasht*, Ele proclama suas próprias qualidades de modo algo semelhante a Sri Krishna no décimo discurso do *Bhagavad-Gitā*. Ele proclama seus nomes, os quais descrevem seus atributos. 'Sou o Protetor, sou o Criador, sou o Nutridor, sou o Saber, sou o Mais Sagrado Uno celestial. Meu nome é Cura. (...) Meu nome é Deus, Meu nome é Grande, Sábio Ser; Meu nome é o Puro. (...) Sou chamado o Majestoso. (...) O que Vê longe. (...) Sou chamado o Observador. (...) O Aumentador'[50], e assim

[49] *Essays on the Pārsis*, p. 302.
[50] *Ormazd Yasht*, trad. do Prof. Spiegel, por A. H. Bleek.

por diante ao longo de uma lista de setenta e dois nomes.

Ouçamos a descrição d'Ele nas palavras do próprio profeta: 'Ele [*Ahura-Mazda*] criou primeiramente, através do seu inato esplendor, a enorme quantidade de seres celestiais e, através do seu intelecto, as criaturas boas, governadas pela boa mente inata. Tu, *Ahura-Mazda*, o Espírito que é eterno, as fazes [as boas criaturas] crescer. Quando meus olhos te contemplam, a Essência da Verdade, o Criador da Vida, que manifesta sua vida na sua obra, então sei que Tu és o Espírito primevo, Tu, *Mazda*, com a mente tão elevada a ponto de criar o mundo, e o pai da boa mente'[51].

Ahura-Mazda é revelado como sendo triplo, segundo lemos no *Khordah Avesta*: 'Louvado sejas, *Ahura-Mazda*, triplo perante outras criaturas'[52]. Esse 'triplo' une o conceito zoroastriano do Primeiro Ser ao triplo Brahman que nos é tão familiar nos *Upanishades*, e também explica a emanação de dois princípios que nele existem, e um terceiro, completando a trindade. Esses dois princípios têm frequentemente sido colocados como princípios opostos, tornando o ensinamento zoroastriano dualista, em vez de monístico como essencialmente é.

Mas antes de levantarmos esta questão, devemos reconhecer que de acordo com o ensinamento oculto havia por detrás e além de *Ahura-Mazda,* o Uno, o Incognoscível, o Tempo Ilimitado, negado pelos orientalistas na Europa que nada sabem dos ensinamentos ocultos. Eles argumentam que a ideia de tempo ilimitado, como fonte de *Ahura-Mazda*, deve-se a um erro gramatical, em vez de ser, como o é, uma tentativa de transmitir a verdade oculta da Existência Una incognoscível às faculdades humanas. Mas embora o contestem, eles admitem a antiguidade do ensinamento; devem admitir que o testemunho do passado esteja de acordo com o ensinamento oculto.

Se pegarmos a evidência grega, ela fala sem titubear quanto ao que era ensinado. Plutarco diz: 'Cromasdes [*Ahura-Mazda*] surgiu da luz mais pura'[53]. Damásio escreve: 'Os Magos e toda a nação ariana consideram, como escreve Eudemos, alguns o Espaço e outros o Tempo

[51] *Gāthā Ahunavaiti*, trad. do Dr. Haug.
[52] Op. Cit., vii *Quraset Nyayis*, I, Spiegel.
[53] *Essays on the Pārsis*, p. 9.

como a causa universal a partir da qual o bom Deus e o espírito maligno foram separados ou, como asseguram outros, luz e trevas *surgiram antes desses dois espíritos*'[54].

Theodoro fala da 'doutrina nefanda dos persas, introduzida por Zoroastrades, isto é, a respeito de ZOROUAN, a quem ele torna governante de todo o universo e o chama de Destino; e que quando oferece sacrifício para gerar Hormisdas, produziu tanto Hormisdas quanto Satã'[55]. Muito interessante é esse desajeitado relato de um controversista, especialmente sua referência ao ensinamento oculto no sacrifício primevo.

Isso aparece novamente numa '*Refutation of Heresies*' no século V d.C. de Ezvik: 'Antes de qualquer coisa, céu ou terra, ou criatura de qualquer espécie que aí houvesse, que existisse, Zeruan existia. (...) Ele ofereceu sacrifícios durante mil anos na esperança de obter um filho, de nome ORMIZ, que deveria criar céu, terra e tudo que aí houvesse'[56]. Dr. Haug, que se aferra à teoria do erro gramatical, reconhece, apesar de tudo: 'Que esta doutrina de *Zarvan Akarana* era comumente aceita durante a época dos sassanianos, pode ser visto distintamente a partir dos registros acima citados (pp. 12-14)'[57].

Afora todo o testemunho culto, isso é suficiente para demonstrar que Zaratustra ensinou a doutrina antiga da Existência Una imanifestada, a partir da qual surgiu o manifestado. E quando lemos depois a respeito de um sacrifício primevo, realizado pelo próprio Deus, a partir do qual *Ahura-Mazda* foi produzido, sabemos pela insinuação – tão obscura para os muitos mas tão clara para os poucos – que o sacrifício primevo (a limitação por meio da qual a manifestação se tornou possível) foi também ensinada por Zaratustra, como é sabido de todo estudante de Ocultismo e aludido repetidamente nas escrituras do mundo.

H. P. Blavatsky diz: 'O próprio *Ahura-Mazda* (*ASURA-MAZDA*) emanou de *Zero-ana Akerna*, "(ciclo de) Tempo Ilimitado", ou a causa desconhecida. A glória desse último é muito exaltada; sua luz, muito resplandecente, tanto para o intelecto humano quanto para o olho mortal

[54]Ibid., p. 12.
[55]Ibid.
[56]Ibid., p. 13.
[57]Op., cit., pp. 309-10.

assimilar e ver. Sua emanação primeva é luz eterna, que, tendo estado previamente oculta nas Trevas, foi chamada a se manifestar; e assim foi formado *Ormuzd*, "o Rei da Vida". Ele é o "primogênito" no Tempo Ilimitado, mas como seu próprio protótipo (ideia espiritual preexistente), tem vivido nas Trevas em toda eternidade'[58].

Para o ocultista, sabendo que Zaratustra foi um membro da Fraternidade, certamente que não pode haver dúvida quanto ao seu ensinamento sobre esta verdade fundamental; mas para outros, o testemunho externo deveria ser suficiente.

Retornemos agora ao triplo *Ahura-Mazda* e ao seu desabrochar para que a criação pudesse acontecer. Aprendemos que dele seguiu-se a dualidade, *Spento-Mainyush* e *Angrā-Mainyush*, dois princípios que tinham suas raízes nele, mas que foram desabrochados para que um universo manifestado pudesse vir à existência. As palavras 'bem' e 'mal' são usadas para descrever esses dois princípios, mas não são as mais adequadas. A chave encontra-se nos *Gāthās*. Pode-se dizer que bem e mal vêm à existência somente quando o homem, durante sua evolução, obtém o conhecimento e o poder de escolha. A dualidade original não é de bem e mal, mas de espírito e matéria, de realidade e não realidade, de luz e trevas, de construção e destruição, os dois polos entre os quais o universo é tecido e sem os quais nenhum universo pode existir.

A segunda frase, 'realidade e não realidade', é usada pelo próprio Zaratustra na proclamação desta verdade fundamental, pois lemos no *Gāthā Ahunavaiti* que o Profeta de pé junto ao fogo sagrado, declarou: 'No início havia um par de gêmeos, dois espíritos, cada um de uma atividade peculiar'. Ele continuou dizendo: 'E esses dois espíritos unidos criaram as primeiras [as coisas materiais] – um, a realidade; o outro, a não realidade'[59]. Esse é o ensinamento oculto da dualidade primária, *sat* e *asat*: que desabrocha da realidade Una para que os muitos possam vir à manifestação. O Uno criou a realidade e o outro, a não realidade.

O Profeta diz ainda que um ou outro deve ser seguido; desses dois 'espíritos', deve-se escolher um, exatamente como em todo ensinamento antigo é dito que devemos escolher espírito ou matéria. Chame-os, se

---

[58] Artigo sobre Zoroastrismo, *The Theosophist*, IV, p. 2245.
[59] *Essays on the Parsis*, *Yas.*, 30. 3,4. trad. do Dr. Haug.

quiser, de bem e mal, mas bem e mal não são os nomes fundamentais; a escolha é feita entre o espiritual e o material.

Vários nomes são dados a esses dois mostrando como eles eram compreendidos nos tempos antigos. No *Gāthā Ushatavaiti* (*Yasna* xlv) consta: 'Todos vocês, que vieram de perto e de longe, devem agora ouvir atentamente o que irei proclamar. Ora, os sábios manifestaram esse universo como uma dualidade. (...) Irei proclamar os dois espíritos primevos do mundo, de quem o incrementador assim falou ao destruidor'[60].

Mais uma vez há dois nomes que nos dão a chave para o segredo – o 'incrementador' e o 'destruidor'. A vida está sempre jorrando a partir do Uno; o outro é o lado material que pertence à forma e que está sempre se fragmentado para que a vida possa seguir rumo a uma expressão mais elevada.

Como que para imprimir isso nas pessoas, diz-se que o assim chamado espírito maligno é a morte, pela qual o corpo dos homens é acometido. A destruição da forma significa a passagem da vida para condições mais elevadas – não é trabalho de nenhum poder maligno, mas a liberação da alma e, portanto, uma parte da manifestação divina do universo. Eles são também chamados de 'os dois senhores' e de 'os dois criadores', e diz-se que a poderosa inteligência *Srosh* adorou esses 'dois criadores que criam todas as coisas'[61]. Certamente que esse grande ser não iria adorar o maligno, embora pudesse reverenciar a dualidade na natureza divina.

Como que para deixar a questão resolvida, eles são mencionados como 'meus dois espíritos' pelo próprio *Ahura-Mazda*[62]. Dr. Haug capta plenamente esta ideia e observa:

> 'Eles são as duas causas moventes no universo, unidos desde o início, e portanto chamados de "gêmeos" [*Yemā*, Sâns. *Yama*]. Estão presentes em toda parte; em *Ahura-Mazda* e no homem. (...) Jamais encontramos *Angrā-Mainyush* mencionado como um oponente constante de *Ahura-Mazda* nos *Gāthās*, como é o caso nos escritos posteriores. (...) Tal é a noção zoroastriana dos dois espíritos criativos, que formam apenas duas partes da Existência Divina'[63].

---

[60] Op.cit., 1. 2.
[61] Op. Cit., *Yasna*, 57.2.
[62] Op. Cit., *Yasna*, 19.9.
[63] Op. Cit., pp. 303-5.

Um pouco mais difícil, talvez, de ser seguida, mais encoberta por uma mudança que ocorreu nos últimos tempos, é a terceira pessoa nesta Trindade primeva: *Ahura-Mazda*, que é o primeiro e de quem tudo procede; o segundo, com a dualidade que é sempre a marca da segunda pessoa na Trindade manifestada; o terceiro, a Sabedoria ou Mente primeva, por meio da qual o mundo foi criado.

Esta é *Armaiti*, sobre quem está escrito: 'Para socorrer esta vida [para incrementá-la], *Armaiti* veio com riqueza, a boa e a verdadeira mente; Ela, o eterno ser, criou o mundo material'[64]. Em dias posteriores, *Armaiti* foi identificada com sua criação e foi adorada como a deusa da terra.

A seguir, surgem nesta ordem as hierarquias das Inteligências celestes lideradas pelos sete deuses ou Espíritos dirigentes, os *Ameshaspentas*. Às vezes *Ahura-Mazda* é colocado no topo, como um deles; às vezes eles formam o setenário inferior, estando a Tríade superior acima deles – uma concepção familiar a todo teosofista, que sabe que o universo é a série de dez, representada pelos sete inferiores e os Três superiores, como os *Sephirotes* da Cabala judia.

Os sete *Ameshaspentas* (se se omitir *Ahura-Mazda*) são: *Vohuman*, o Deus da Mente; *Asha Vahishta*, a Melhor Santidade; *Kshatraver*, Poder; *Spendarmad*, Amor; *Haurvatat*, Saúde; *Ameretād*, Imortalidade; e Fogo, 'o mais prestativo dos *Ameshapentas*'[65].

E, continuamente, preces são elevadas a esses seres; hinos são cantados a eles; toda a liturgia está permeada da adoração a eles; e ainda assim alguns eruditos orientais – seguidos nesse pormenor somente por uma pequena minoria dos modernos *parsis* – os materializaram como meros atributos de Deus, em vez de as Inteligências vivas por meio das quais, como consta nos *Gāthās*, os mundos foram criados e são mantidos.

Dr. Mills avilta-os chamando-os de meros atributos, e sua tradução sempre os trata como tais, embora ocasionalmente ele seja forçado a assumir posições muito indefensáveis, devido a esta tendência moderna de não se reconhecer as Inteligências invisíveis em toda parte.

---

[64] Op. Cit., *Gāthā Ahunavaiti*, 7.

[65] *Yasna*, I. 6, trad. de Spiegel, p. 26.

Vejamos se eles podem ser considerados como meros atributos:

Contudo o mais generoso *Mazda Ahura*,
e a Piedade esteja com Ele,
E *Asha* promovendo as fundações, Tu
Boa Mente e Tu o Domínio,
Ouvi-me todos 'vós'! E tenhais piedade[66].

As 'qualidades' aqui escritas com letras maiúsculas são alguns dos *Ameshaspentas*, *Spendarmad*, *Vohuman* e *Kshatraver*; e o plural 'vós' tanto quanto a frase 'ouvi-me todos' são maneiras curiosas de se dirigir a um deus e às suas qualidades.

Doutrinas, *Ahura*, e ações, dize-me quais
são as melhores, *Mazda*,
E a prece do devedor dos adoradores; dize-me
isso com a Verdade e a Boa Mente,
E pelo Poder Soberano e graça faze acontecer
esta perfeição do mundo.

No *pahlavi* consta: 'Tu, portanto, ó *Auharmazd*, revele-me aquela que é a melhor palavra e ação, e dai aquilo que é o Teu débito, ó *Vohuman*, e o Teu, Ó *Ashavahisht*, para esta adoração, pois através de vossa soberania, ó *Auharmazd*, a conclusão do progresso está manifestamente realizada no mundo onde e quando quiseres'[67].

'Assim Te concebo, generoso,
Ahura-Mazda
Quando com a ajuda da Boa Mente, a obediência
de mim se acercou,
E me perguntou: Quem és tu? De onde vens?'[68]

– um procedimento curioso para uma qualidade.

[66]*Gāthā* II, (Yas. 33), trad. do Dr. Mills, p. 127.
[67]Op. Cit., pp. 152-3.
[68]Ibid., p. 165.

'Esses Teus favores primeiramente Te peço, *Ahura*!
Asha! E conceda-me também o teu, *Aramaiti*!'[69]

Então tomemos isso do *Yasna Haptanhaiti*, reconhecidamente uma das mais antigas partes do *Yasna*, segundo os *Gāthās*: 'Adoramos *Ahura-Mazda*, o justo, senhor da retidão. Adoramos os *Ameshaspentas* [os arcanjos], os possuidores do bem, os doadores do bem. Adoramos toda a criação do espírito justo'[69].

O *Visparad* começa: 'Eu invoco e proclamo aos Senhores dos Céus, aos Senhores da Terra'[71], e assim por diante, ao longo de uma longa lista de deuses. Mais uma vez: 'Nós damos conhecimento deles: a *Ahura-Mazda*, ao sagrado *Sraosha*, a *Rashnu* o mais justo, a *Mitra* com grandes pastagens. Aos *Ameshapentas*, aos *Fravarshis* dos puros, às almas dos puros, ao Fogo, o filho de *Ahura-Mazda*, e ao grande Senhor'[72].

O *Yasna* dá seu testemunho: 'Eu invoco e proclamo: ao criador *Ahura-Mazda*, o Brilhante, o Majestoso, o Maior, o Melhor, o mais Belo, o mais Forte, o mais Intelectual, o de melhor corpo, o Mais Elevado em santidade; que é muito sábio, que regozija ao longe, que nos criou, que nos formou, que nos mantém, o mais Sagrado entre os sagrados. Eu invoco e proclamo a: *Vohumano*, *Ashavahista*, *Kshathra-Vairya*, *Spenta-ārmaiti*, *Haurvat*, e *Ameritāt*; o corpo da vaca, a alma da vaca, o fogo filho de *Ahura-Mazda*, o mais prestativo dos *Ameshaspentas*'[73].

Mas os *Yasnas* estão cheios de adoração: adoração aos deuses mais elevados, a Mitra[74], à deusa das águas[75], a *Srosh*[76]– uma das mais poderosas e das maiores Inteligências – ao sol, à lua e às estrelas.[77] Aliás, todo o tecido do Zoroastrismo seria destruído se a adoração aos deuses lhe fosse violentamente arrebatada em deferência ao materialismo europeu. Nele, como no Hinduísmo, os deuses estão em toda parte; e à

---

[69]Ibid., p. 343.
[70]*Essays on the Pārsis*, p. 171.
[71]Op. Cit., trad. do Prof. Spiegel, p.5.
[72]Op. Cit., xii, 18, 19, p. 18.
[73]*Yasna*, 1. 1-6, trad. do Prof. Spiegel, p. 26.
[74]Mihir Yasgt, *Essays on the Pārsis*, p. 202.
[75]Aban Yasht, ibid., p. 189.
[76]*Yasna*, 57; ibid., p. 189.
[77]*Yasna*, 4. 39, trad. do Prof. Spiegel, p. 42.

medida que o adorador se eleva, ele adora Inteligências cada vez mais sublimes até que alcança *Ahura-Mazda*, de cuja vontade eles são os agentes, por cuja vida eles são sustentados.

Chegamos agora ao Fogo, o supremo símbolo de Deus, o símbolo da vida divina, aquilo que é chamado o Filho de *Ahura-Mazda*, o símbolo sagrado mais reverenciado pelos zoroastrianos hoje. Como era de esperar, encontramos prece após prece dirigidas ao Fogo, adoração dirigida a ele nos termos mais amplos, mais claros e mais explícitos. Declara-se que o Fogo é o mais prestativo de todas as Inteligências espirituais, o mais amigo, provindo de *Ahura-Mazda* e conhecedor de todos os segredos celestes. 'Feliz é o homem a quem poderosamente Te diriges, Fogo, filho de *Ahura-Mazda*. Mais amigo do que o mais amigo, mais digno de adoração do que o mais digno de honra. Possas Tu vir ajudar-nos nos maiores empreendimentos. Fogo, conheces *Ahura-Mazda*, conheces o que é sagrado. Tu és o mais sagrado do mesmo [fogo] que levas o nome de *Vazista*. Ó Fogo, filho de *Ahura-Mazda*, nós nos aproximamos de Ti'[78].

Em toda religião, o fogo tem sido o símbolo do Deus supremo; Brahman é fogo; *Ahura-Mazda* é fogo; os judeus viam o seu Deus como um pilar de fogo, e os cristãos proclamam: 'Nosso Deus é um fogo que consome'.

Em toda parte o fogo tem sido e é o emblema supremo; pois aquele que é glória revela-se como fogo; brilha a partir daquilo que 'são trevas por excesso de luz', e todo o universo é nada mais que o resultado da chama viva. Imagine *Zaratustra*, quando de pé ante o altar, falou ao povo pela primeira vez e lhes ensinou as verdades que o Fogo lhe tinha revelado, os Filhos do Fogo que o enviaram à terra. Lembremos o que se diz num daqueles 'Oráculos' que reproduzem as tradições antigas: 'Quando contemplares o Fogo sagrado, sem forma, irrompendo de modo estonteante por todo o mundo, ouve a voz do Fogo'.

Não havia fogo no altar ao seu lado; havia sândalo em feixes fragrantes, havia perfumes, mas não havia fogo. O bastão entrelaçado com as serpentes de fogo que o profeta segurava nas mãos é bem conhecido de todo ocultista, pois um bastão semelhante, cheio de fogo vivo das

[78] *Yasna*, 36. 1.4-10, trad. do Prof. Spiegel, p. 96.

esferas superiores, era usado nos Mistérios Antigos.

Ele ergueu o bastão, apontando-o para o céu, e da abóbada do céu azul chamas lançaram-se para baixo e incendiaram o altar ao seu lado, e o fogo vivo, enroscando-se nele, transformou-o numa bola de fogo, enquanto ele pronunciava 'as Palavras do Fogo' e proclamava as verdades eternas.

Zaratustra deu as palavras de poder que podiam fazer o fogo descer dos céus; e século após século, o fogo que brilhou no altar zoroastriano no templo do fogo não foi uma simples combinação de chamas materiais. O fogo sagrado era evocado do ígneo *ākāsha*; à palavra do sacerdote, ele caía sobre o altar e lá ardia como o símbolo vivo de Deus. Quando o baixo clero tinha que agir (quando o clero superior não estava disponível), eles recebiam o bastão no qual a chama viva ou o fogo estava sempre chamejante, e quando tocavam o combustível do altar com ele, o fogo celeste inflamava-se.

Mesmo agora, vemos como a tradição perdeu status nas cerimônias nas quais o fogo é aceso sobre o novo altar. Existe ainda um tímido eco da verdade antiga, embora o poder tenha desaparecido e nenhum *dastur parsi* consiga evocar o fogo das alturas. O fogo é coletado de todas as diferentes fontes da cidade na qual a chama sagrada deve ser acesa, mas o fogo não é usado enquanto estiver sendo coletado a partir do combustível terrestre; pois acima do fogo reunido, o oficiador coloca uma bandeja de ferro cheia de sândalo, e segurando-a bem alto para que não haja nenhum contato material, o fogo que está embaixo acende o combustível e um segundo fogo surge de súbito. Durante nove vezes esta cerimônia é repetida, até que a essência mesma do fogo, por assim dizer, seja reunida – pura para os puros, e digna de ser o símbolo do divino.

Além disso, eles buscam conseguir o fogo do relâmpago faiscante vindo do céu, e como agora são incapazes de invocá-lo por si mesmos, têm que esperar, às vezes durante anos, antes que o último fogo seja coletado e finalmente misturado aos outros que ardem sobre o altar sagrado.

Todo zoroastriano curva-se perante esse fogo sagrado, e no lar zoroastriano, quando o sol se põe, um fragmento do fogo é carregado através de cada aposento na escuridão que se aproxima, emblema do poder purificador e protetor do Supremo.

Devemos agora dar uma olhada no modo como o homem é considerado, para que possamos compreender seu lugar na hierarquia de Inteligências. Nele, como em tudo mais, há dois princípios – espírito e matéria – e ele pode unir-se a um ou a outro. Toda a ética está baseada na ideia de que ele irá lançar-se sobre o lado do puro, lutar pelo puro, manter o puro. Pode acontecer que a visão posterior de *Angrā-Mainyush*, como sendo o inimigo, tenha sido uma tentativa de incitar o homem ao conflito ativo contra o mal, fazê-lo sentir que estava travando a batalha do 'espírito do bem' contra o 'espírito maligno'.

É um dever pessoal estar ativamente do lado da pureza em tudo. O zoroastriano deve manter a terra pura, deve cultivá-la como um dever religioso. Deve efetuar todas as funções da agricultura como um serviço aos deuses, pois a terra é a criatura pura de *Ahura-Mazda* a ser guardada de toda poluição. O ar deve ser mantido puro; a água deve ser mantida pura. Se alguma coisa impura, tal como um defunto, cair dentro d 'água, o bom zoroastriano deve removê-la para que o elemento puro não seja maculado. Por isso também a objeção em se queimar o corpo morto, pois o toque do impuro polui o fogo. Portanto, o cadáver é reverentemente carregado até as Torres do Silêncio, e naquele local reservado, aberto aos céus, é depositado, para que os abutres possam rapidamente devorá-lo e que nenhum elemento puro possa, por isso, ser poluído.

Passando da pureza da natureza externa, com a qual o *parsi* deve não apenas passiva mas também ativamente se associar, chegamos àquele famoso axioma da religião persa: 'Pensamentos puros, palavras puras, ações puras'. Esta é a regra constantemente reiterada da vida zoroastriana (e notamos que as três estão colocadas na ordem oculta) repetidas nas suas preces diárias, reiterada a cada vez.

As primeiras palavras do *Khordah Avesta* a partir do *Ashem-Vohu*, a fórmula mais sagrada jamais repetida: 'A pureza é o melhor bem. A felicidade é para ele – a saber, para o mais puro em pureza'[79]. Quando *Ahura-Mazda* está respondendo a Zaratustra quanto ao recital do *Ashem-Vohu*, ele declara que esse recital, que vale por todas as coisas boas por ele mesmo criadas, ocorre 'quando se abandona os pensamen-

[79]Op. Cit., trad. do Prof. Spiegel, p. 3.

tos maus, as palavras más e as ações más'[80].

Com a idade entre 7 e 15 anos a criança deve ser iniciada, e então pela primeira vez se lhe veste o *kusti*, o fio sagrado, e o *sūdrā*, ou camisa de linho branco, ambos emblemas de pureza. O *kusti* é feito de 72 fios de lã de carneiro, que é tecido três vezes em volta da cintura, significando os bons pensamentos, palavras e ações que cabem ao usuário; é amarrado duas vezes na frente e duas vezes atrás.

Veracidade, castidade, obediência aos pais, hospitalidade, diligência, honestidade, gentileza para com os animais domésticos são virtudes sobre as quais é colocada ênfase especial, e a caridade torna-se uma parte essencial da religião. A caridade deve ser concedida àqueles que precisam – ajudar os pobres, ajudar aqueles que desejem casar-se e que não têm meios para tal, ajudar a educar os filhos daqueles incapazes de realizar essa tarefa por si mesmos. Tudo isso é especialmente recomendados.

Ervad Sheriarji Dadabhai Barucha diz: 'Da mesma maneira como se diz que certas virtudes são atributos peculiares das quatro classes de pessoas e muitíssimo apropriadas a elas, também certos vícios devem ser especialmente evitados por elas. Para a classe sacerdotal, a hipocrisia, a ambição, a negligência, a indolência, a atenção a mesquinharias e a descrença na religião são peculiarmente impróprias. O guerreiro deve estar acima da opressão, da violência, da quebra de promessa, do encorajamento do mal, da ostentação, da arrogância e da insolência. O agricultor deve fugir da ignorância, da inveja, da má vontade e da malícia; e o artesão deve evitar a incredulidade, a ingratidão, a rudeza e a calúnia (*Mainyo-i Khart*, lix)'[81].

É interessante notar que quando *Ahura-Mazda* proclamou 'a retidão [*Ahuna-Vairya*] tanto espiritual quanto terrena', o *Ahuna-Vairya* tinha três linhas – as quatro classes, os cinco chefes e uma conclusão.

As classes eram a quádrupla ordem de sacerdotes, guerreiros, agricultores e artesãos[82], outra marca do estreito parentesco dos iranianos com a primeira sub-raça ariana.

Outras destas marcas são interessantes: o sacrifício do lar, adorado

[80]Hodokht Nask, *Essays on the Pārsis*, p. 219.
[81]*Zoroastrian Religion and Customs*, p. 31.
[82]*Yama*, 19. 17, *Essays on the Parsis*, p. 188.

com tanto fervor e muitíssimo exaltado tanto no *Homa Yasht*[83] quanto no *Sāma Veda*; os nomes dos sacerdotes – o *ātharvan*, o *Zaota* (*Hota*) – e a identidade pela função do *Rathwi* com o *Adhvaryu*; leite, *ghee* (manteiga líquida), água sagrada, gravetos sagrados são todos usados em certas cerimônias. Os *parsis*, como os hindus, têm suas orações para os mortos a intervalos predeterminados.

Na verdade, ambas as crenças são irmãs; unicamente, a invasão, a opressão e o exílio esmagaram a fé mais jovem a tal ponto que muito de sua herança antiga foi perdida.

Os sete princípios da constituição humana estão claramente mencionados no *Yasna*, LIV, I: 'Corpos juntamente com ossos, poder vital e forma, força e consciência, alma e *Fravarshi*'[84]. Os três primeiros são os corpos denso e etérico juntamente com *Prāna*; força é *Kāma*;consciência é *Manas*; *Urvan*, traduzido como alma, é *Buddhi*; e *Fravarshi* é *Ātmā*. 'Todo ser da boa criação, seja vivo ou morto ou ainda não nascido, possui seu próprio *Fravarshi*', diz Dr. Haug[85]. Mas isso mal dá a plena ideia da palavra como está exposta no *Fravaridin Yasht*, no qual *Ahura-Mazda* declara que tudo que é bom é mantido por seu esplendor e glória. São chamados os 'fortes anjos guardiões da retidão', e evidentemente representam *Ātmā*, e em muitos casos, *Ātmā* quando *Manas* e *Bhuddi* se tenham com ele fundido.

Após a morte, a alma passa para o mundo intermediário, 'os caminhos batidos pelo tempo que são para o mau e que são para o justo'[86], chamados por *Ahura-Mazda* de 'a senda pavorosa, mortal, destrutiva, que é a separação de corpo e alma'[87], *Kāmaloka*. A alma do justo encontra uma bela virgem, a corporificação dos seus bons pensamentos, boas palavras e boas ações; ele cruza a 'ponte do juiz' com segurança e alcança o céu. Mas a alma do mau encontra a bruxa horrível, a corporificação dos seus pensamentos malignos, palavras malignas e ações malignas, não consegue atravessar a ponte e cai no fogo.

Muita coisa não foi contada, muita coisa foi descrita muito rapida-

---

[83] *Essays on the Parsis*, pp. 176-85.
[84] Op.cit., trad. do Prof. Spiegel, p. 120.
[85] *Essays on the Pārsis*, p. 206 .
[86] *Vendidad*, Fargard, 19. 29, *Essays on the Pārsis*, p. 225.
[87] *Hadoki Nask*, Yt. 22. 17, ibid., p. 222.

mente e de maneira imperfeita; todavia, o suficiente foi dito para justificar o ocultista quando ele dá testemunho de que essa antiga religião – a segunda das religiões da Quinta Raça – surge a partir da fonte primeva, que seu profeta foi um dos Iniciados divinos, que ela procede do passado, milênio após milênio, e é apenas mal representada pelo Zoroastrismo comparativamente materializado de hoje em dia.

O estudo de suas escrituras poderia fazê-la reviver; o velho conhecimento poderia mais uma vez ser insuflado; essas concessões à crítica e ao materialismo europeus poderiam ser repudiadas por todo zoroastriano como não sendo parte de sua fé antiga e gloriosa.

Budismo

Significado do Símbolo

RODA DO *DHARMA* OU RODA DO *SAMSĀRA*: Designando o ciclo da transmigração do *Ātmā* em mundos materiais; o caminho atemporal realizado pelo *Ātmā* em *avidya* ou ignorância

É um círculo com oito braços surgidos no centro apontando direções diferentes. Cada um dos braços representa cada uma das oito práticas que constituem o Nobre Caminho Óctuplo: Compreensão Correta, Pensamento Correto, Fala Correta, Ação Correta, Meio de Vida Correto, Atenção Correta, Sabedoria Correta e Visão Correta.

É a perpétua repetição do nascimento e da morte, desde o passado até o presente e o futuro, através dos seis reinos ilusórios: Inferno, dos Fantasmas Famintos, dos Animais, Asura ou Demônios Belicosos, Ser humano, dos Deuses e da Bem-Aventurança. A menos que se adquira a perfeita sabedoria ou seja iluminado, não se poderá escapar desta roda da transmigração, ou Roda do *Samsāra*. Aqueles que estão livres desta roda de transmigração são considerados lamas, iluminados (ou Buddhas).

A religião conhecida como Budismo é aquela que possui o maior número de seguidores no mundo. Apesar das dificuldades de se obter estatísticas exatas, podemos admitir que cerca de um terço da raça humana segue os ensinamentos do Buddha. No Ocidente, muita atenção tem sido atraída para esses ensinamentos pelo trabalho devotado de diversos orientalistas, que se fascinaram pelo encanto do próprio Buddha tanto quanto por sua pureza, pela elevação dos seus preceitos.

Por muitas razões, o Budismo exerce maior atração sobre a mente ocidental do que o Hinduísmo ou o Zoroastrismo, especialmente sob a forma na qual é ensinada na Igreja do sul. A Igreja do norte – o Budismo do Tibete e da China – está tão intimamente aliada ao Hinduísmo no seu ensinamento com relação aos deuses, à continuidade do ego, à vida após a morte, a ritos e cerimônias, e ao uso de mantras sânscritos que exerce menos atração sobre o ocidental. Pois a mente ocidental é essencialmente prática, em vez de metafísica. E está inclinada a sentir repulsa pelo excesso de retórica a respeito do mundo invisível e pelo ensinamento que se refere ao lado mais místico da religião.

Na Igreja do sul, esse lado místico aparentemente desapareceu em grande extensão, pelo menos até onde diz respeito às traduções possuídas pelos europeus. Livros que tratam do lado mais místico não estão ainda traduzidos e, portanto, não aparecem perante o público do Ocidente[88]. O que eles reconhecem como Budismo é um maravilhoso sistema de ética, expresso na mais poética e bela linguagem. Nesse sistema, eles encontram ensinamentos morais unidos à rara liberalidade de pensamento, ao constante apelo à razão, à permanente tentativa de justificar e tornar compreensível os fundamentos sobre os quais a moral está erigida. Isso toca de modo muito forte as mentes de muitos ocidentais que se desviaram das apresentações mais grosseiras das religiões que estão em curso na Europa, e que buscam no Budismo um refúgio do ceticismo ao qual, de outra maneira, sentir-se-iam condenados.

Agora, com relação aos ensinamentos do Budismo, encontramos base nas próprias escrituras budistas – pois esta é a maneira mais justa de lidar com uma fé – e então, como sempre, olhando-as à luz do conhe-

[88]Desde quando estas palestras foram proferidas, muitos foram traduzidos.

cimento oculto, tentaremos ver o quanto elas são consistentes para com os mais nobres ensinamentos de outras crenças, para com as verdades religiosas essenciais, e como suas doutrinas são agora consideradas com muita suspeição; e dificilmente se encontra alguém que queira aceitar seus ensinamentos ou que deseje ser chamado por seu nome – isso se dá principalmente devido às concepções errôneas e aos embustes, em pequena extensão, a que alguns dos discípulos posteriores expuseram os ensinamentos do Buddha entre as pessoas às quais ele pertencia por raça, na terra que foi o seu local de nascimento. Sem sombra de dúvida, o Budismo é irmão do Hinduísmo; e se lidas corretamente, as escrituras budistas são o eco das escrituras hindus, e os ensinamentos – embora muitas vezes apresentados numa forma menos metafísica e mais diretamente prática – são ensinamentos que estão impregnados do espírito hindu.

A forma que assumiram estava especialmente adaptada pela presciência do Buddha para que os ensinamentos da mais pura moralidade hindu fossem levados aos muitos países fora dos limites dentro dos quais o Hinduísmo seria ensinado. A ideia era disseminá-lo entre povos menos agudamente metafísicos e menos intelectuais do que o povo hindu.

Encontramos aqui as mesmas verdades fundamentais, embora a forma sob a qual apareçam seja mais simples e de muitas maneiras quiçá mais prática e direta. A missão do Buddha – embora começasse na Índia com a esperança talvez de que toda a obra pudesse seguir em harmonia e sem ruptura – tinha por finalidade levar a luz da verdade a outros povos, uma missão que foi realizada de maneira triunfante e que, esperamos, irá continuar a sê-lo ainda por muito tempo.

Atualmente, os ensinamentos essenciais do Buddha estão contidos nas três grandes divisões da sagrada literatura budista – os três *Pitakas*, ou cestos, como são chamados. O primeiro deles é o *Vinaya*, que contém as regras estabelecidas para a ordem monástica por ele criada – a *sangha*, a guardiã e repositório de sua religião.

Além das regras de disciplina formuladas no *Vinaya*, há também um grande número de ensinamentos dados pelo Buddha, de caráter mais místico do que os que constam de alguns dos outros volumes. Esses ensinamentos tinham por finalidade treinar a ordem monástica, ensinar os discípulos, e se manifestam mais plenamente quanto ao mundo invisível do que o fazem alguns outros. Eles anunciam mais plenamente o que é considerado pelo Ocidente materialista como o lado lendário do Budismo; mas é realmente uma parte verdadeira e essencial do ensinamento budista, pois, como foi dito muito depois por Nāgārjuna: 'Todo Buddha tem duas doutrinas – uma revelada e uma mística'. A exotérica é para a grande quantidade de novos discípulos. A esotérica é para os Bodhisattvas e para os alunos avançados, tais como Kasyapa. Não é comunicada sob a forma de linguagem definida, e não poderia, portanto, ser transmitida por Ānanda como doutrina definida entre os sutras. Todavia, está virtualmente contida nos sutras. Por exemplo, o *Fa-hwa-king*, ou 'Sutra do Lótus da Boa Lei', que se diz conter o que há de mais elevado da doutrina revelada, deve ser visto como um tipo de documento original do ensinamento esotérico, embora esteja em forma exotérica'[89].

Quando o Buddha fez setenta e um anos de idade, ele expôs a doutrina esotérica em resposta às perguntas que lhe foram feitas por seu discípulo Kasyapa. Como diz J. Edkins, embora a doutrina não pudesse ser plenamente expressa em palavras – pois sempre a doutrina esotérica, sendo espiritual, está além da linguagem intelectual –, não obstante ela pode ser deduzida a partir dos sutras.

O segundo desses três *Pitakas* consiste de sutras – ou *suttas*, como são geralmente chamados – porque se supõe que o Buddha falou em *prākriti*, o dialeto comum derivado do sânscrito, que é agora chamado páli.

Os *suttas* formam aquela parte dos ensinamentos do Buddha que foi dada ao povo – seus ensinamentos éticos, discussões, debates, questionamentos, explicações, surgindo a partir dos ensinamentos e a partir de circunstâncias que ele encontrou em sua vida diária. Aqui estão os registros da vida e dos ensinamentos do Buddha, mostrando como foi sua vida na Índia, e os ensinamentos à medida que fluíam de seus próprios lábios sagrados.

O terceiro *Pitaka* é o *Abhidhamma*, do qual muito pouco se conhece atualmente no Ocidente. Dizem ser cheio de misticismo, de conter a filosofia budista distintamente de sua ética. Mas isso eu devo deixar de

---

[89] *Chinese Buddhism*, de Revd J. Edkins, p. 43.

lado, como inalcançável por nós, pois há muita coisa nos outros dois *Pitakas* com que nos ocuparmos[90].

Descrever os ensinamentos do Buddha como um mero sistema árido, separado da vida do próprio Ser Abençoado, iria privá-los da força inspiradora que os tornava agradáveis àqueles que os ouviam e da grande influência que exerciam sobre as vidas dos homens.

Eras intermináveis de vidas inumeráveis ele deixou para trás antes de nascer na cidade de Kapilavastu, no palácio do rei – nascido pela última vez nesse planeta, nascido para alcançar a iluminação. Passo a passo ele escalou a longa escada da existência; vida após vida de autossacrifício e devoção o levaram da humanidade terrestre à humanidade divina, da humanidade divina à posição de um Bodhisattva, da posição de um Bodhisattva à de um Buddha, para se tornar um da série de supremos instrutores de deuses e de homens.

No vale do Ganges, cerca de cem milhas a noroeste da cidade sagrada de Varanasi, nasceu essa criança, e dizem que os *devas* lançaram flores sobre mãe e filho, que toda a natureza se regozijou pelo seu nascimento, sabendo o trabalho que ele deveria realizar no mundo.

A data do seu nascimento é, segundo os cingaleses, 623 a.C., e 685 a.C. segundo os tailandeses[91]. Ele recebeu o nome de Siddharta, 'Aquele que realizou seus propósitos '. O nome foi dado devido a uma profecia feita logo após o seu nascimento, de que a criança seria um poderoso instrutor e um iluminador das nações da Terra; mas enquanto jovem, ele foi aparentemente ignorante do seu poderoso destino.

Esse é um problema que tem causado dificuldades a muitas mentes: como é possível, para alguns dos maiores seres nascidos no mundo,

---

[90]O Dr. Rhys Davids diz: 'Os livros, como os temos, foram postos na sua forma atual (...) no século seguinte ou dois séculos após a morte de Gautama' (*Buddhism*). Diz-se que o Budismo foi organizado no Concílio de Rajagriha, sob o reinado de Kasyapa e Ānanda, que ocorreu imediatamente após a morte do Buddha. No segundo Concílio, o de Vaishali, sob o reinado de Yashas e Revata, ocorrido em 377 a.C., os dissidentes rejeitaram o *Abhidamma*, mas as diferenças de opiniões que deveriam ser elucidadas pelo Concílio foram meramente sobre certos pontos na Disciplina da *Sangha*. O terceiro Concílio, sob o reinado de Ashoka,em Pataliputta, em 242 a.C., novamente deixou os *Pitakas* intocados, de modo que podemos muito bem considerá-los como representantes acurados das doutrinas do grande Instrutor.

[91]O Dr. Rhys Davids diz que 'pode ser fixada aproximadamente por volta de 600 a.C.' (*Buddhism*, p. 20).

que o conhecimento de sua própria grandeza lhes permaneça oculto durante algum tempo. A mesma coisa aconteceu com Rama, que nos seus primeiros dias não mostrava qualquer conhecimento de que era um *avatar* do Supremo. Assim foi com o Buddha; levando uma vida nobre, bela e pura, como menino, como jovem, até quando do seu casamento com sua prima, e durante um ano ou dois após; mas era uma vida que aparentemente não reconhecia sua própria grandeza, não compreendia ainda sua missão ou o papel que tinha de desempenhar.

Sabemos através da leitura como seu pai, esperando que ele se tornasse um rei na Terra em vez de um monarca que reinasse sobre milhões de mentes humanas no mundo espiritual, cercou-o por todos os lados de tudo que era belo e agradável para que o conhecimento da dor do mundo pudesse ser afastado de seus olhos. Através da leitura, sabemos como, pela orientação de um *deva*, ele foi levado do palácio com seus jardins de prazeres e, seguindo em sua charrete, encontrou quatro homens por meio dos quais veio a ele o primeiro conhecimento sobre mortalidade.

Primeiramente encontrou um homem idoso – até esta época ele só vira pessoas jovens; ele perguntou a respeito desse homem, meio-cego e paralítico, com a face enrugada e as pernas cambaleantes. O cocheiro disse que era um velho, e que a idade iria chegar com o tempo para todos que nascessem no mundo.

Ele encontrou um homem sofrendo de uma terrível doença – antes ele vira apenas beleza e saúde; e perguntou o que era aquilo. O cocheiro disse que muitos dos filhos dos homens sofrem dessa maneira.

Ele viu um cadáver – ele que apenas vira os vivos; e o cocheiro disse, é a morte, que deve chegar para todos que vivem.

E por fim ele encontrou um asceta, calmo e pacífico, e perguntou como era possível que num mundo onde havia velhice, doença e morte esse homem pudesse caminhar através dele pacífico e sereno. Disse-lhe o cocheiro que esse homem levava uma vida além da vida dos homens, uma vida fixa no eterno; daí sua felicidade em meio à dor.

De volta ao palácio, o príncipe refletiu sobre tudo que tinha visto, e de seus lábios brotou o grito: 'Cheia de obstáculos é esta vida doméstica, o retiro da paixão; livre como o ar é viver ao ar livre'. Essa ideia se apossou dele – o contraste entre o 'retiro da paixão' e o homem sem lar; até que finalmente, levantando-se à noite, ele se curvou sobre sua jovem esposa, bela adormecida, e sobre o bebê que dormia a seu lado, e tocando ambos com cuidado para que não acordassem e para que o choro deles não abalasse seu propósito, deixou o palácio de seu pai. Pediu ao fiel cocheiro que lhe trouxesse seu cavalo, e atravessou as sossegadas ruas da cidade adormecida, até que, chegando aos portões, desmontou e entregou o cavalo ao cocheiro ordenando-lhe que o levasse de volta ao palácio.

Ele então se despiu de suas vestimentas principescas, cortou o cabelo, e seguiu só, em busca da causa da dor humana e de como curá-la. Ele, que deveria ser o Buddha, não poderia viver alegre e feliz no palácio do rei enquanto os homens do lado de fora estivessem sofrendo e morrendo. Ele buscaria a causa do sofrimento e a cura para a tristeza humana.

Vamos segui-lo na sua busca da sabedoria divina. Primeiramente, dirigindo-se aos reclusos Arāda Kālāma e Uddaka, homens cultos em filosofia e religião, ele buscou saber deles a causa e a cura da dor. Sentou-se a seus pés para aprender todos os mistérios da filosofia e as sutilezas da metafísica, até que, desesperado, levantou-se, sabendo que não era pelo mero aprendizado intelectual que a salvação do homem seria encontrada.

Seguindo adiante, ele encontrou cinco ascetas, e lhes dedicou seis anos de sua vida, praticando penitências maiores que as deles, reduzindo sua alimentação a um simples grão de arroz ao dia até que, finalmente, caiu, emaciado, desfalecido e desamparado, desgastado pelo rigor de suas austeridades. Uma menina que passava, Nandabālā, trouxe-lhe arroz e leite; ele se alimentou e se levantou revigorado. Quando seus companheiros viram que ele se tinha alimentado, afastaram-se dele dizendo: 'Esse asceta vai voltar para o mundo; ele está cansado da austeridade e é indigno da vocação sagrada'. E o deixaram, e mais uma vez ele seguiu só, para encontrar na solidão o segredo da tristeza humana.

Mas por fim veio a época em que a iluminação deveria ser encontrada. Chegando a Gayā, ele se sentou sob a árvore sagrada *ashvattha* [a figueira ou árvore *bodhi*], declarando que não iria se levantar jamais até que a luz raiasse sobre seu espírito e o segredo da dor fosse encontrado. E assim ele se manteve sentado pacientemente, e todas as hostes de

Māra – os seres demoníacos – investiram contra ele com tentações de prazer e ameaças de dor; os *asuras* amontoaram-se ao seu redor, buscando abalar sua constância e modificar sua determinação. Imóvel, ele continuava sentado, vestido da mais pura resolução, intocado, resoluto, mesmo quando a imagem de sua chorosa esposa apareceu perante ele de braços abertos para que ele novamente voltasse ao mundo.

Por fim, na hora silente, a Iluminação chegou; alvoreceu sobre ele a luz que era sua missão descobrir ao nascer nesse mundo. O Budado foi alcançado, um salvador do mundo foi revelado. O Budado lhe mostrou a causa da dor, e a sua cura, e a senda que leva além da dor. E então de seus lábios irrompeu a canção triunfante: 'Buscando o construtor desse tabernáculo, terei que atravessar um percurso de muitos nascimentos, enquanto não [o] encontrar; e dolorosa é a repetição dos nascimentos. Mas agora, construtor do tabernáculo, tu fostes visto; não mais construirás esse tabernáculo. Todas as tuas vigas estão quebradas, tua viga-mestra está partida; a mente, aproximando-se do Eterno, atingiu a extinção de todos os desejos'[92].

Esse era o segredo do Buddha – que pela extinção dos desejos o homem eleva-se até a paz. Sob a árvore da sabedoria ele tinha visto a dor do mundo, a sua causa no desejo, a sua extinção no fim do desejo, e o nobre caminho óctuplo que levava da dor à paz eterna. Vendo por si mesmo e pela raça, ele adentrou o Nirvana, o incriado, o impassível, o oniabarcante. E quando o Ser Abençoado entrou no Nirvana, ele se sentou sob a árvore *bodhi* durante sete dias, 'desfrutando a bem-aventurança da emancipação'[93].

Durante a noite do sétimo dia, ele 'fixou sua mente sobre a cadeia de causação' e seguiu a evolução do universo, expressando-a nos doze *nidānas*, cuja sucessão mostra a ordem dos estágios, até que alcancemos o sofrimento que encontramos à nossa volta. O primeiro é *Avidyā*, 'ignorância' ou limitação, a causa primária, porque sem esta

[92] *Dhammapada*, 153, 154. *Sacred Books of the East*, vol. 10, tr. de Max Müller.

[93] *Mahāvagga*, I. 1.7. Para um relato desse período cf. *Sacred Books of the East*, vol. 13, *Vinaya Texts*, trad. do páli pelos Drs. Rhys Davids e Oldenburg. Ou, com respeito ao ensinamento dos *Bikkhus*, cf. Vol. 11, *Buddhist Suttas*, trad. do Dr. Rhys Davids, em *Damma-chakka-ppavattana-sutta*.

limitação na Consciência Total, pela ação do Supremo, nenhum universo consegue elevar-se.

A partir de *Avidyā*, surgem os *samskāras*; desses, a consciência; depois, o nome e a forma; a seguir, os seis poderes de percepção. A partir desses, os contatos; do contato, a sensação; da sensação, o desejo; do desejo, o apego; do apego, a 'existência' – isto é, a personalidade –; da personalidade, o nascimento; e do nascimento, a decadência com todas as dores da vida[94]. Estas coisas formam a cadeia evolucionária, que compreendida e desdobrada de maneira apropriada contém toda a filosofia do universo em evolução e seu caminho de retorno.

Levantando-se de seu assento sob a árvore *bodhi*, o Buddha sentou-se sob uma figueira de Bengala durante outros sete dias, ao final dos quais, em resposta a uma pergunta, ele pronunciou palavras que explicam toda sua atitude aos brâmanes: 'O brâmane que tenha removido [de si] toda pecaminosidade, que está livre da soberba, livre de impureza, que atingiu o autodomínio, que é um mestre completo do conhecimento [ou dos *Vedas*], que cumpriu os deveres de santidade, tal brâmane deve com justiça intitular-se *brâmane*, cujo comportamento é idêntico para com tudo no mundo'[95].

Durante mais dois períodos de sete dias cada, o Buddha sentou-se sob duas outras árvores, e depois aceitou alimento de dois mercadores que se tornaram seus primeiros discípulos. Ao retornar ao seu assento sob a figueira, uma cena estranha ocorreu. 'Na mente do Ser Abençoado, que estava só e que se retirara em solidão, surgiu o seguinte pensamento: "Penetrei esta doutrina que é profunda, difícil de perceber e compreender, que traz quietude ao coração, que é exaltada, que é inatingível pelo raciocínio, difícil, inteligível [apenas] para o sábio[96]. Essas pessoas, por outro lado, são dadas ao desejo, concentradas no desejo, deliciando-se no desejo. Para essas pessoas, portanto, que são dadas ao desejo, concentradas no desejo, deliciando-se no desejo, a lei de causalidade e a corrente de causação serão um tema difícil de enten-

---

[94] Ibid., 2.

[95] Ibid., II. 2.

[96] Todavia, as pessoas imaginam que o Budismo é um simples sistema ético, totalmente alicerçado na razão e possível de ser compreendido em sua totalidade sem necessitar do espiritual.

der; mais difícil para elas será entender também a extinção de todos os *samskāras*, livrarem-se de todos os substratos [da existência] – a destruição do desejo, a ausência de paixão, quietude de coração, Nirvana. Agora, se eu proclamo a doutrina e outros homens não são capazes de entender minha pregação, resultaria para mim apenas cansaço e aborrecimento". E então as seguintes (...) estrofes, jamais ouvidas, ocorreram ao Ser Abençoado: "Com grande esforço eu a consegui. Basta! Por que devo agora proclamá-la? A doutrina não será fácil de entender aos seres que estão perdidos na luxúria e no ódio. Dados à luxúria, cercados de densas trevas, eles não verão o que [para suas mentes] é repugnante, abstruso, profundo, difícil de perceber e sutil"[97].

A essa altura da crise, Brahmā *Sahampati* (o Terceiro Logos de nossa cadeia) interveio, vendo que 'a mente do *Tathāgata*, do sagrado, do absoluto *Sambuddha*, inclina-se a permanecer em silêncio e a não pregar a doutrina'. Ele diz ao Buddha que alguns a compreenderão, e lhe faz lembrar o sofrimento sobre a Terra: 'Observe, Ser que Tudo vê, o povo perdido em sofrimento, subjugado por nascimento e decadência, Tu que te libertaste do sofrimento! Levanta-te, ó herói, ó Ser vitorioso! Percorre o mundo, ó Líder do grupo de peregrinos[98], que em si mesmo está livre de débito. Possa o Ser Abençoado pregar a doutrina; haverá pessoas que poderão entendê-la!'. E assim ele observou o mundo com os olhos de um Buddha, pleno de compaixão, dizendo: 'Escancarada está a porta do imortal para todos que têm ouvidos para ouvir; que enviem a fé para conhecê-la. Do doce e bom *Dhamma* não falei aos homens, Brahmā, desesperado que estava com a difícil tarefa'[99].

Ele então se levantou e seguiu para a cidade sagrada de Kasi, para o local sagrado de onde a vida espiritual da Índia sempre se ergueu. E lá, em Isipatana, no parque dos gamos da cidade de Vārānasi, ele pôs a girar a roda da Lei.

Aqui residiam os cinco ascetas que lhe tinham voltado as costas. Ele lhes anunciou ser o próprio *Sambuddha*. Ele lhes explicou que os dois extremos da autoindigência e da constante automortificação eram

[97] Ibid., V. 2,3.
[98] A hoste de egos reencarnantes, pelo débito com o *karma*.
[99] Ibid., 4-10.

ambos prejudiciais, e que os evitando ele tinha trilhado 'o caminho do meio, que leva à acuidade de percepção, que leva à sabedoria, que conduz à calma, ao conhecimento, ao *sambodhi*[100], ao Nirvana'. Esse caminho do meio é o Nobre Caminho Óctuplo, a quarta das 'Quatro Nobres Verdades'. Ele consiste em: reta crença, reta aspiração, reta linguagem, reta conduta, retos meios de ganhar a vida, reto esforço, reta memória, reta meditação. Depois ele lhes explicou as outras três verdades que vira sob a árvore *bodhi*: 'Esta, ó *bikkhus*, é a Nobre Verdade do Sofrimento: nascimento é sofrimento; decadência é sofrimento; doença é sofrimento; morte é sofrimento; presença de objetos que odiamos é sofrimento; separação dos objetos que amamos é sofrimento; não obter o que desejamos é sofrimento. Em suma, o quíntuplo agarrar-se[101] à existência é sofrimento. Esta, ó *bikkhus*, é a Nobre Verdade da Causa do Sofrimento: a sede que leva ao renascimento, acompanhado de prazeres e luxúria, encontrando suas delícias aqui e ali, [esta sede é tripla] a saber: sede de prazer, sede de existência, sede de prosperidade. Esta, ó *bikkhus*, é a Nobre Verdade da Cessação do Sofrimento: [o sofrimento cessa com] a completa cessação desta sede – a cessação que consiste da ausência de toda paixão – com o abandono, a supressão e a libertação desta, com a destruição do desejo'.

Existe registro de que, quando a 'suprema roda do império da Verdade' foi assim posta a girar, todos os *devas*, começando com os da Terra e passando ao sétimo mundo ou mundo mais elevado, gritaram de alegria, e gritaram de modo que ninguém jamais pudesse novamente girar a roda ao contrário[102].

Contudo, mais adiante, ele lhes explicou a diferença entre o Eu Superior e o não eu, em palavras que deveriam para sempre tornar impossível a controvérsia de que ele ensinara que não havia continuidade da vida no homem: 'O corpo [*rupa*], ó *bhikkhus*, não é o Eu Superior. Sensação, ó *bhikkhus*, não é o Eu Superior. Percepção não é o Eu Superior. Os *samskāras* não são o Eu Superior. Consciência não é o Eu Superior'.

[100] Todo conhecimento.

[101] Aferrar-se aos cinco elementos de existência que criam o eu transitório, as cinco vestes.

[102] A absurda ideia moderna de que um Buddha poderia negar a existência dos deuses não existia então, e todos os antigos registros estão repletos de sua cooperação e júbilo.

Definindo cada uma mais plenamente, ele declara a respeito de cada uma que 'não é meu, não sou Eu, não é o meu Eu Superior; assim, isso deveria ser lembrado pelo reto conhecimento de acordo com a verdade'. E ele conclui: 'Considerando isso, ó *bhikkhus*, o erudito, nobre ouvinte da palavra, torna-se fatigado do corpo, fatigado das sensações, fatigado da percepção, fatigado dos *samskāras*, fatigado da consciência. Tornando-se fatigado de tudo isso, ele se livra da paixão; pela ausência de paixão, ele se liberta; quando ele é livre, torna-se perceptivo de que é livre e compreende que o renascimento acabou, que a santidade foi completada, que o dever foi cumprido, que não há futuro retorno a esse mundo'[103].

Daí em diante, o Senhor Buddha pregou sua doutrina; e homens e mulheres se iluminaram, obtendo, à medida que ele ensinava, 'o puro e imaculado olho da Verdade', o conhecimento de que tudo que tem início deve ter fim. Eles renunciaram a todas as coisas mundanas e tornaram-se *bhikkhus* – mendicantes, vestindo o manto amarelo, carregando a tigela, buscando refúgio no Buddha, na sua doutrina e na sua Ordem. E a Ordem cresceu e se multiplicou; e depois de algum tempo o Senhor enviou seus discípulos para ensinar, e lhes deu autorização para admitir na *Sangha* (a Ordem) aqueles que buscassem entrada, com a tríplice declaração três vezes repetida: 'Busco meu refúgio no Buddha. Busco meu refúgio no *Dhamma*. Busco meu refúgio na *Sangha*'[104].

Dr. Rhys Davids (que é muito fascinado pela vida ética do Budismo, e que tão completa e tão estranhamente ressente seu espírito interior e declara que no ensinamento budista não há continuidade do ego, que não existe desenvolvimento da natureza eterna e espiritual do homem) nos dá, do comentário do *Bhuddhaghosha* sobre o primeiro dos Diálogos, um retrato dos mais atrativos da rotina diária daquela vida sagrada. 'O Sagrado Ser costumava levantar-se cedo [i.e., por volta de 5 horas da manhã] e, por consideração a seu assistente pessoal, costumava tomar seu banho e se vestir sem pedir qualquer ajuda. Depois, até que fosse chegada a hora de pedir esmolas, ele se retirava para um local solitário

[103] Ibid., VI. Todo estudante irá reconhecer aqui os *koshas* do *Vedānta*, notando que os *samskaras* representam o *Prānamayakosha*; sensação e percepção, o *Manomayakosha*; o quinto, *Ānandamayakosha*, não é mencionado, pois essa película de bem-aventurança não é perdida mesmo no estado *Turīya*, pois ao obtê-la o homem não retorna.

[104] Ibid., XIII. 3.41.

e meditava. Quando era chegada a hora, vestia-se completamente com os três mantos (que todo membro da Ordem usava em público), pegava sua tigela e, às vezes sozinho, às vezes acompanhado de seus seguidores, entrava na aldeia ou cidade vizinha para pedir esmolas, às vezes da maneira usual, às vezes realizando maravilhas'. As pessoas saíam e lhe imploravam para que aceitasse sua comida, e ele se sentava e comia. 'Depois o Sagrado Ser, após terminar a refeição, conversava com eles prestando a devida consideração à sua capacidade de entendimento das coisas espirituais, de tal maneira que alguns leigos faziam os votos, alguns entravam na senda, e outros alcançavam o mais elevado fruto desse contato. E depois de demonstrar misericórdia pela multidão, ele se levantava de seu assento e partia para o local onde estava alojado. E lá chegando, sentava-se na varanda aberta, esperando o momento quando o restante de seus seguidores tivesse também terminado suas refeições'. Depois, de pé à porta de seu aposento, ele dizia umas poucas palavras de exortação, e a pedido de algum discípulo 'sugeria o tema para meditação, apropriado à capacidade espiritual de cada um'.

Tendo os discípulos se afastado para meditar, o Buddha repousava durante algum tempo; e 'quando seu corpo estava descansado, ele se levantava do leito e durante algum tempo considerava as circunstâncias das pessoas próximas a quem deveria auxiliar. Ao entardecer, pessoas das aldeias vizinhas ou da cidade reuniam-se no local onde ele estava residindo, trazendo com elas oferendas de flores. E para essas pessoas, sentado no saguão, ele discursava sobre a verdade, de maneira apropriada à ocasião e às suas crenças'. Assim passava o primeiro turno da noite, quando o Sagrado Ser satisfazia o desejo de cada pessoa, e então elas partiam. E parte do restante da noite ele passava em meditação, caminhando para cima e para baixo fora do seu quarto; e parte, ele descansava deitado, calmo e sereno internamente. E quando o dia começava a raiar, levantando-se de seu leito, ele se sentava e, chamando à mente as pessoas do mundo, considerava as aspirações que elas, em nascimentos prévios, tinham formado, e pensava nos meios como lhes poderia ajudar a alcançá-las[105].

Na estrutura desta vida nobre, simples, foram engastadas as joias dos

[105] *Buddhism*, pp. 108-12.

ensinamentos do Buddha. Para apreciá-las, precisamos lembrar esse ambiente, lembrar que o Buddha era hindu, falando aos hindus sobre temas muito familiares a eles, usando termos religiosos e metafísicos com significados comumente aceitos, sem criar oposição como se fora um herege – como certamente teria ocorrido caso seus ensinamentos fossem materialistas, como se tornaram posteriormente entre alguns não hindus, ignorantes da conotação dos termos empregados; um Instrutor, distinto dos outros do seu tempo apenas pela pureza, compaixão e sabedoria incomparáveis que exalavam até do seu olhar, de cada palavra sua.

Dr. Rhys Davids, considerando o Budismo como 'diametralmente oposto' ao Hinduísmo, considera como evidência de maravilhosa tolerância que tenha sido permitido ao Buddha ensinar tão pacificamente. 'É até mesmo mais do que isso. Aonde quer que ele fosse, eram precisamente os brâmanes que com frequência mais fervorosamente se interessavam por suas especulações, embora sua rejeição da teoria da alma e de tudo que essa teoria envolvia fosse realmente incompatível com a totalidade da teologia dos *Vedas*, e portanto com a supremacia dos brâmanes. Muitos dos seus principais discípulos, dos mais distinguidos membros de sua Ordem, eram brâmanes'[106].

É mais razoável supor – e a suposição é corroborada pelos registros daquilo que ele disse – que ele não encontrou oposição justamente porque não rejeitou a teoria da alma com tudo que essa teoria envolve. E quando alguns dos seus seguidores cometeram esse terrível equívoco, o Budismo extinguiu-se na Índia, pois jamais os hindus iriam aceitar qualquer assim chamada religião que ponha de lado a crença nos deuses e na imortalidade do homem.

Como diz o Dr. Rhys Davids: 'Jamais deveríamos esquecer que Gautama nasceu, cresceu, viveu e morreu como hindu. Seu ensinamento, de longo alcance e original como era, e realmente subversivo à religião da época, era indiano em sua totalidade. Sem o trabalho intelectual de seus predecessores, sua própria obra, embora original, teria sido impossível[107]. Sem dúvida, ele foi o maior de todos; e em muitos

[106] Op. Cit., p. 115.

[107] Como podem então nos pedir para despirmos os termos que ele usa de todas as suas conotações prévias?

aspectos, com toda probabilidade, o mundo continuará a reconhecê-lo como o mais intelectual dos instrutores religiosos da humanidade. Mas o Budismo é essencialmente um sistema indiano. O próprio Buddha foi, em todo seu modo de vida, um indiano típico. E qualquer que fosse sua posição quando comparada à de outros instrutores do Ocidente, precisamos aqui apenas proclamar que ele foi o maior, o mais sábio e o melhor dos hindus'[108].

Que ele falou como hindu aos hindus, seus símiles e ensinamentos extraídos das escrituras antigas o mostram com frequência. Tomemos como ilustração a sentença trazida pelo *Manu* sobre os três controles das ações, da fala, da mente e do corpo[109]: 'Aquele que detém a ira como a uma charrete desembestada, a esse eu chamo de verdadeiro condutor; outras pessoas estão apenas segurando as rédeas' – e a referência aos sentidos como cavalos bem domados, fazendo lembrar o ensinamento de *Yama* no *Katopanishade*[110]. A disputa sobre o Eu superior e o eu inferior[111], extraída do *Bhagavad-Gitā.* 'Tudo o que somos é resultado daquilo que pensamos, está fundamentado sobre nossos pensamentos, é feito de nossos pensamentos'[112], do *Chhāndogyopanishade.* 'É bom controlar a mente, que é difícil de segurar, instável, e que vai aonde quer'[113], uma reminiscência do *Bhagavad-Gitā.*

Mas é desnecessário multiplicar os exemplos. Basta dizer que o grande instrutor mais uma vez, cuidadosamente, fez eco aos ensinamentos antigos, não como se precisasse deles – pois os conhecia todos –, mas para que os ignorantes não tropeçassem e se desviassem da fé de seus pais.

Voltemo-nos agora para a grande quantidade de ensinamentos com que temos de nos defrontar, e aprendamos dos exemplos algo não apenas dos seus preceitos mas também dos seus métodos. Eram ensinamentos de um grau notavelmente prático, dirigidos às consciências de seus ouvintes. Ele jamais, por um momento sequer, hesitou em falar na linguagem mais simples, nos termos mais claros, sobre as faltas a que

[108] Op. Cit., pp. 116, 117.
[109] *Dhammapada*, 281.
[110] Ibid., 222, 94.
[111] Ibid., 380.
[112] Ibid., 1.
[113] *Udanavagga*, 31. 1.

os homens são atraídos, os erros que estão constantemente cometendo. Pois o Buddha foi de fato um Instrutor, um Instrutor cujas palavras iluminavam a mente. Eram palavras fortes e práticas, e na maioria das vezes parece como se algum incidente passageiro tivesse dado oportunidade a uma parábola ou a uma história contendo uma lição ética.

Por exemplo, certo dia seus *bhikkhus* estavam discutindo violentamente, e havia ódio onde deveria haver paz. Então o Buddha chamou-os e lhes contou uma história. Era a história do rei de Kasi, que guerreou contra o rei de Kosala e o afugentou do seu reino, do qual se apoderou. O rei deposto e sua esposa foram viver num pobre casebre, e lá lhes nasceu um filho. Alguém que tinha sido seu barbeiro, buscando conquistar favores com o conquistador, traiu-o; e o rei enviou uma tropa que prendeu o fugitivo e sua esposa, e os entregou ao carrasco. O filho, que fora mandado embora por segurança, retornou e viu seu pai e sua mãe seguindo para a morte e forçou passagem por entre a multidão. O pai sussurrou-lhe: 'Meu filho, não se demore, não seja abrupto; o ódio não cessa com o ódio; pelo não ódio é que o ódio cessa'. O filho ponderou sobre as palavras do pai, mas não as entendeu.

Logo ele conseguiu emprego junto ao rei que mandara matar seu pai e sua mãe, depois de reduzi-los à mendicância. Atraindo a atenção do rei, foi contratado como seu atendente pessoal. O rei amava o jovem, e costuma dormir com a cabeça sobre o seu colo. Certo dia, enquanto o rei dormia, o jovem pensou: 'O rei está em meu poder; ele matou meu pai e minha mãe; ele me reduziu à miséria; ele está impotente; vou matá-lo'. E puxou da espada. Mas as palavras do seu pai vieram à sua mente: 'Não seja abrupto', e ele sabia o que isso queria dizer: 'Não seja apressado na ação'. Ele reembainhou a espada e se lembrou das outras palavras, de que o ódio não cessa pelo ódio.

O rei acordou e disse que sonhara que o príncipe que ele tinha despojado o tinha matado, e o jovem, puxando da espada, revelou-se e lhe disse que sua vida estava à sua mercê. O rei suplicou por sua vida, e o príncipe lhe respondeu: 'Não, ó Rei, eu perdi o direito à minha vida com esta ameaça, e tu deves me devolver a minha vida e me dar o teu perdão'. E assim ele poupou a vida do rei e o rei lhe perdoou a ofensa.

Então o príncipe lhe falou das palavras do seu moribundo pai: 'Meu pai me ensinou que não devo ser vagaroso – não devo guardar ódio; não devo ser abrupto – não devo ser apressado na ação. Que o ódio não cessa pelo ódio em tempo algum, mas que o ódio cessa pelo amor. Pois se eu tivesse te matado, teus amigos, por sua vez, ter-me-iam matado, e os meus amigos então teriam matado teus amigos; e assim o ódio não teria cessado. Mas agora cada um de nós poupou a vida do outro, e assim o ódio terminou pelo amor'. Os discípulos reconciliaram-se e a paz foi restaurada na Ordem.

A uma mãe chorosa, com um bebê morto apertado contra o peito, ele disse que seu filho lhe seria restituído se ela conseguisse trazer algumas sementes de mostarda de uma casa onde ninguém jamais tivesse morrido – a gentil lição foi mais profunda do que uma centena de sermões.

Um homem insultava-o veementemente enquanto ele pregava a grande doutrina: 'A um homem que insensatamente me comete uma injúria, eu lhe devolvo a proteção do meu amor dócil; quanto mais maldade vier dele para mim, mais bondade seguirá de mim para ele'. Enquanto o homem o censurava, 'Buddha permaneceu silencioso e não respondeu, apiedando-se de sua louca tolice'. Tendo o homem terminado seu insulto, o Buddha dirigiu-se a ele dizendo: 'Filho, quando um homem esquece as regras de gentileza ao dar um presente a outra pessoa, é costume dizer-se: guarde seu presente. Filho, você agora me insultou; eu me recuso a receber seu insulto e lhe peço para guardá-lo, uma fonte de miséria para você mesmo. Pois tal como o som pertence ao tambor e a sombra à substância, assim, no final das contas, a miséria irá certamente alcançar o malfeitor'. O Buddha disse: 'O homem mau que censura um homem virtuoso é como alguém que olha para cima e cospe para o céu; o cuspe não suja o céu, mas retorna e mancha a própria pessoa. Assim, mais uma vez, ele é como alguém que joga lama contra outrem quando o vento sopra em sentido contrário; a lama nada mais faz do que retornar sobre aquele que a atirou. O virtuoso não pode ser ofendido; a miséria que o outro iria infligir retorna sobre o próprio'[114].

[114] *The Sutra of the Forty-two Sections*, trad. de S. Beal, do chinês. *Catena of Buddhist Scriptures*, pp. 193-4.

Às vezes um raio de humor lampeja, e não é difícil enxergar a cena entre o discípulo ansioso e o Mestre gentil, algo alegre: 'Como devemos nos conduzir, Senhor, com relação às mulheres?' 'Não olhe para elas, Ānanda'. 'Mas se devemos vê-las, o que devemos fazer?'

'Abster-se de falar, Ānanda'. 'Mas se elas falam conosco, Senhor, o que devemos fazer?' 'Manter-se bem desperto, Ānanda'[115]. Observar o que se está fazendo, vigiar os pensamentos. Um longo sermão quanto à sabedoria de como se resguardar para não ser desencaminhado não teria a metade do efeito daquela única sentença – 'Manter-se bem desperto, Ānanda'.

Entre as características marcantes de seus ensinamentos, encontramos o fato oculto de que o mal só pode terminar pelo seu oposto, o bem: 'Que o homem vença a raiva pelo amor; que ele vença o mal pelo bem; que ele vença o ganancioso pela generosidade; o mentiroso, pela verdade'[116].

O homem deve ser forte e resoluto: 'O zelo é a senda da imortalidade [Nirvana]; a negligência, a senda da morte. Aqueles que são sérios não morrem; aqueles que são negligentes são como se já estivessem mortos'[117].

A causação é ininterrupta: 'Se o homem fala ou age com mau pensamento, a dor o segue, tal como a roda segue a pata do boi que puxa a carroça. (...) Se o homem fala e age com pensamento puro, a felicidade o segue como a sombra que jamais o deixa'[118]. 'Aquele que tenha feito até mesmo o mínimo bem encontra nesse e no outro mundo felicidade e grande benefício; é como uma semente bem enraizada. (...) Aquele que fez o mal não consegue livrar-se do mal que fez; ele pode tê-lo feito há muito tempo ou em local muito distante, pode tê-lo feito sozinho, mas não consegue livrar-se dele; e tendo o mal amadurecido, ele não pode jogá-lo fora'[119].

Acima de tudo, o desejo deve ser expulso como a raiz de todo sofrimento: 'Dos desejos surge a dor, dos desejos surge o medo; aquele que está livre dos desejos não conhece nem dor nem medo. (...) É difícil para aquele que está preso pelos grilhões do desejo livrar-se deles', diz o Sagrado Ser. 'O resoluto, que não se preocupa da alegria oriunda dos

[115] *Mahā-parinibbāna-Sutta*, 23. *Sacred*. *Books*. *Of the East*, vol. 11.
[116] *Dhammapada*, 223.
[117] Ibid., 21.
[118] Ibid., 2.
[119] *Udāvanagga*, 28: 25, 30.

desejos, livra-se deles e logo se vai. (...) Tal qual o sapateiro, quando tiver o couro bem preparado, ele poderá usá-lo para fazer sapatos; assim, quando alguém se livra dos desejos, ele tem a mais elevada felicidade. (...) Os desejos jamais são saciados; a sabedoria propicia o contentamento. (...) Nem mesmo nos prazeres dos deuses o discípulo do perfeito Buddha encontra prazer; ele se regozija somente na destruição dos desejos'[120].

O ensinamento é energicamente resumido: 'Evite praticar todo tipo de más ações; pratique a mais perfeita virtude; subjugue a mente de maneira completa; esta é a doutrina do Buddha'[121].

Mais importante é o ensinamento do Buddha sobre 'a subjugação de todos os *āsavas*', dos eflúvios da vida do homem rumo aos objetos do desejo. Desses, há sete classes a serem abandonadas respectivamente: (1) pelo *insight* sobre as Quatro Nobres Verdades, destruindo a ilusão do eu, a hesitação e a dependência de ritos externos; (2) pela subjugação dos cinco sentidos e da mente; (3) pelo correto uso de roupas, esmolas e moradia, todos para serem utilizados, e não objetos de deleite; (4) pelo suportar do frio, do calor, da fome, da sede, pernilongos, mosquitos, vento, sol, serpentes, palavras abusivas, sofrimento corporal, dores; (5) evitando-se perigos óbvios, lugares e companhias impróprios; (6) pela remoção de pensamentos maus; (7) pelo cultivo da sabedoria superior.

Quando tudo isso estiver realizado, 'ele destruiu aquela sede ardente; pela penetração total da mente, ele afastou todos os grilhões e pôs fim à dor'[122].

Seu ensinamento ético era penetrante e direto a um grau raro de se ver. Tomemos, por exemplo: 'O erro dos outros é facilmente percebido, mas o próprio erro é difícil de perceber; o homem joeira as faltas do seu vizinho como se separa a palha do grão, mas esconde sua própria falta como o trapaceiro esconde do jogador o dado viciado. Se um homem se ocupa das faltas dos outros, ele estará sempre inclinado a se sentir ofendido, suas próprias paixões irão crescer, e ele estará longe da destruição das paixões'[123].

O Buddha gostava de forçar aqueles que o questionavam a respon-

---

[120] Ibid., 2.2, 6, 12, 14, 18.
[121] Ibid., 28.1.
[122] *Sabbāsava-Sutta. Sacred Books of the East*, vol. 11.
[123] *Dhammapada*, 252, 253, *Sacred Books of the East*, vol. 10.

derem suas próprias perguntas. Em vez de responder, ele perguntava ao perguntador. Em vez de expor a doutrina ou a verdade como resposta a uma pergunta, ele gradualmente guiava o perguntador, estágio a estágio, a descobrir a resposta por si mesmo – uma das maneiras mais sábias de ensinar, e provavelmente o mais sábio de todos os meios de fazer um homem compreender a verdade.

Assim, quando um jovem *brâmane*, de nome Vāsettha, lhe perguntou se certos brâmanes eruditos demonstravam a reta maneira de alcançar a união com Brahman, o Buddha replicou com uma série de perguntas, cujas respostas mostravam que os brâmanes nem conheciam Brahman nem eram como ele. Embora versados nos *Vedas*, eles estavam 'omitindo a prática daquelas qualidades que realmente tornam um homem um brâmanes, e adotando a prática daquelas que realmente tornam os homens não brâmanes'. A esta altura o Buddha resumiu: 'Que esses brâmanes, versados nos *Vedas* e todavia carregando ira e malícia em seus corações, pecaminosos e descontrolados, devam após a morte, quando o corpo é decomposto, unir-se a Brahmā, que é livre de toda ira e malícia, sem pecado, e possui autodomínio – tal condição não existe'.

Ele então diz ao jovem que quando perguntaram ao *Tathāgata* o caminho que leva ao mundo de Brahmā, ele pôde dar a resposta: 'Para Brahmā eu sei, Vāsettha, e o mundo de Brahmā e a senda que leva até ele. Sim, eu sei, tal como alguém que entrou no mundo de Brahmā e que lá nasceu'. 'Ele, por Si mesmo, compreende completamente e vê, por assim dizer, face a face, esse universo – o mundo inferior com todos seus espíritos, e o mundo superior, de *Māra* e de Brahmā – e todas as criaturas, *samanas* e brâmanes, deuses e homens, e ele então transmite Seu conhecimento aos outros'.

Quando um homem é atraído pela verdade e deixa seu lar, atingindo a condição 'sem lar' e levando uma vida nobre e pura, penetra todo o mundo com 'coração de amor, influente, expandido e além de qualquer medida', um homem assim está se aproximando da união com Brahmā; e que 'após a morte, quando o corpo é decomposto, ele deva unir-se a Brahmā, que é o mesmo – tal condição é de todo possível'[124].

---

[124] *Tevijja Sutta. Sac. Bks. Of the East*, vol. II. Aqui mais uma vez notamos como o Buddha endossa os

Temos aqui a chave para todos os seus ensinamentos com relação aos brâmanes. Ele repetidamente diz que eles devem ser tratados com respeito e com reverência, mas diz também que não chama de brâmane o homem que é depravado, que é descontrolado, que é ganancioso, que está cheio dos vícios do mundo. Também, com relação aos seus próprios monges, ele diz que não chama de *bhikshu* o homem que usa o manto amarelo e cujas paixões são descontroladas. Pois o Buddha não era iludido pela simples aparência externa, nem pela simples aparência do homem exterior. Ele olhava para o coração; e somente quando o coração estava limpo, ele admitia que o homem tinha o direito de ostentar um nome sagrado.

Ele exigiu, como exigiu todo grande instrutor, que aqueles que ostentam um nome sagrado devam honrar esse nome pela vida que levam, sem trazer escândalo e descrédito sobre ele devido à luxúria, à ira e à ganância.

Ao ser perguntado se os brâmanes de sua época eram como os dos tempos antigos, ele respondeu negativamente. 'Os antigos sábios tinham autodomínio, eram penitentes; tendo abandonado os objetos dos cinco sentidos, estudavam seu próprio bem estar. Não havia gado para os brâmanes, nem ouro, nem milho, [mas] as riquezas e o milho da meditação eram para eles, e eles vigiavam o melhor tesouro. (...) Invioláveis eram os brâmanes, invisivelmente protegidos pelo *Dhamma*, ninguém lhes fazia oposição [quando se postavam] às portas das casas em qualquer lugar. Durante quarenta e oito anos eles praticaram a castidade juvenil; outrora os brâmanes seguiam em busca da ciência e da conduta exemplar. Os brâmanes não se casavam com [mulheres pertencentes a] outra [casta] nem compravam esposas'. Não matavam vacas, 'nossas melhores amigas, nas quais os remédios são produzidos', mas desprezavam os presentes feitos para eles. 'Eram brâmanes graciosos, altos, belos, renomados pela natureza, zelosos de suas diferentes obras; enquanto viveram no mundo, esta raça prosperou. Mas houve uma mudança neles'. Começaram a cobiçar a riqueza, a matar vacas; 'antes havia três doenças: desejo, fome e decadência; mas com a morte do gado vieram noventa e oito'.

---

ensinamentos ocultos quanto à existência dos deuses, em vez de deixá-los de lado, como geralmente assevera a visão popular. Certamente, ninguém com conhecimento poderia concordar com a moderna ideia materialista agora atribuída ao Budismo.

Assim as coisas foram de mal a pior, até que 'tendo perdido *Dhamma*, os Shudras e os Vaishias discordaram, os Kshattriyas[125] discordaram de muitas maneiras, a esposa desprezou o marido. Os Kshattriyas e os Brâmanes e aqueles outros que tinham sido protegidos por suas castas, depois de terminarem suas contendas sobre descendência, caíram em poder dos prazeres sensuais'[126].

Pode ser lido nos *slokas* que encerram o *Dammapadda* o quão sublime era a opinião que tinha o Buddha do verdadeiro *brâmane*: 'Chamo verdadeiramente de brâmane aquele cuja senda os deuses não conhecem, nem os espíritos [*Gandharvas*], nem os homens, quando as paixões são extintas, e que é um *Arhat* [venerável]. Chamo verdadeiramente de brâmane aquele que diz nada possuir, quer seja adiante, atrás ou no meio, que é pobre e livre do apego ao mundo. Chamo verdadeiramente de brâmane o valoroso, o nobre, o herói, o grande sábio, o conquistador, o impassível, o realizado, o desperto. Chamo verdadeiramente de brâmane aquele que conhece suas moradas anteriores, que vê céu e inferno, que alcançou o fim dos nascimentos, é perfeito em conhecimento, um sábio, e cujas perfeições são todas perfeitas'[127].

O Buddha reafirmou o antigo ideal de que a essência da casta consistia do desenvolvimento espiritual, e se ele declarou que 'um homem não se torna brâmane por seus cabelos trançados, por sua família ou pelo nascimento'[128], ele apenas repetiu o que o *Manu* havia ensinado quando o sistema de castas foi criado.

De modo semelhante ele declarou a respeito de seus próprios monges: 'Um homem não é mendigo [*bhikshu*] simplesmente porque pede esmolas; aquele que segue a lei à risca é um *bhikshu*, e não aquele que apenas pede esmolas. Aquele que está acima do bem e do mal, que é casto, que com conhecimento atravessa o mundo, ele realmente é chamado *bhikshu*'. 'Muitos homens cujos ombros estão cobertos com a toga amarela são agressivos e desregrados; tais seres maléficos vão para

---

[125] Shudras, Vaishias e Kshattriyas.

[126] Brahman*adhammikasutta*, no *Sutta-nipata*, trad. do páli de V. Fausboll. *Sacred Books of the East*, vol. 10, pt.2.

[127] *Dhammapada*, 420-3.

[128] Ibid., 393.

o inferno devido às suas más ações'[129].

No *Udānavarga*, a revisão do *Dammapada* tibetano, um capítulo inteiro é dedicado ao brâmane, que é descrito como alguém que 'é correto, controlado, quieto, reservado, que leva uma vida de santidade e castidade [*brahmacharya*], que não causa dano nem mata nenhum ser vivo'. Ele 'alcançou a perfeição (prescrita nos) *Vedas*', ele 'está no caminho para o Nirvana', ele 'agora possui um corpo pela última vez', ele 'é tolerante com os intolerantes', ele 'atravessou a corrente'[130].

Existe o ideal do brâmane ensinado pelo Buddha. Existe a descrição do que o nome deve levar consigo. Os mesmos pensamentos estão contidos nas antigas escrituras hindus, em livros tais como o *Mahābhārata*. Nas palavras do próprio *Manu*, o brâmane sem as qualidades de um brâmane é como 'um elefante de madeira e um antílope de couro', a mera aparência externa da coisa, e não a realidade.

Não é mais justo dizer-se do Buddha que ele antagonizava os brâmanes do que dizê-lo do *Manu*; pois ambos ensinavam que o homem deve viver a vida interna antes de ser digno do nome. E se foi dito, como ouço os hindus dizerem, que ele queria abolir a casta brâmane porque criticou as vidas nocivas de alguns de seus membros, então teremos que argumentar que ele desejava abolir sua própria ordem de *bhikshus*, porque declarou que o manto amarelo não fazia o *bhikshu*, mas que deveria haver autocontrole, vida pura e ausência de riqueza mundana.

Representar o Buddha como inimigo dos brâmanes, que desejasse destruí-los como casta, quando tudo que ele fez foi chamar a atenção para o ideal antigo e para admoestar aqueles cujas vidas o desonravam, é uma perversão dos fatos. Tivesse ele sido bem-sucedido em purificar a casta, ele a teria restaurado ao seu antigo esplendor. Mas fracassou; e os próprios ideais medíocres da casta estão apressando-a rumo a uma extinção autoescolhida. O ocultista pode apenas chamar a atenção para o ideal imortal; e se os homens, rejeitando-o, perecem, ele (o ideal) perece.

Com referência aos deuses, o Buddha não assumiu a oposição geralmente a ele atribuída – uma posição impossível para alguém que co-

[129] Ibid., 266, 267, 307.

[130] Op. Cit., 33. *Trübner's Oriental Series*, trad. do Tibetano por W. W. Rockhill.

nhecia todos os mundos. Ele diz que ele próprio visitou os mundos dos deuses, que conhece o caminho até eles e é capaz de guiar os homens ao longo da senda. Em certa ocasião, quando lhe perguntaram o caminho para o mundo de Brahmā, ele perguntou ao seu questionador se ele não sabia o caminho para sua própria aldeia e se ele não conseguiria guiar um estranho até lá. O homem respondeu que nascera lá e conhecia o caminho que levava até lá; assim também, respondeu o Buddha, ele conhecia o caminho de Brahmā, já que o tinha visitado e estava familiarizado com ele[131].

Frequentemente encontramos referências aos deuses, corroborando a crença dos hindus. 'Pela seriedade, *Maghavan*[132] elevou-se até o domínio dos deuses'. 'O discípulo deverá superar a Terra, o mundo de *Yama*, e o mundo dos deuses'. 'Os deuses até mesmo invejam aquele cujos sentidos tenham sido subjugados, tal como cavalos bem adestrados pelo condutor'. (Veja o símile tomado do *Kathopanishad*). 'Vivamos então felizes, embora a nada chamemos de nosso. Seremos como os deuses brilhantes, que se alimentam de felicidade'. 'Fale a verdade; não ceda à ira; se lhe pedirem pouco, dê – com esses três passos você irá aproximar-se dos deuses'[133].

Na Igreja do sul, a crença nos deuses parece ter desaparecido, mas a inerradicável necessidade do homem de adorar reaparece na adoração ao próprio Buddha.

Na Igreja do norte, menos prejudicada pelo materialismo, a adoração aos deuses sobrevive, e eles são adorados segundo seus nomes hindus. Aí encontramos à *Trimurti*, reaparecendo segundo nomes budistas: *Shiva*, representado por *Amithābha*, a Luz Ilimitada; *Vishnu*, por *Padmapāni*, ou então por *Avalokiteshvara*; *Mañjusri*, 'o representante da sabedoria criativa, correspondendo a Brahmā'[134].

Intimamente aliadas ao conceito das grandes hierarquias de deuses estão as ideias de 'céu' e 'inferno', regiões do mundo invisível através das quais o homem passa quando deixa o mundo físico – *Devachan* e parte de *Kāma Loka*, como os chamam os teosofistas.

---

[131] Veja anteriormente a resposta a Vāsettha.
[132] *Indra*.
[133] *Dhammapada*, 30,43,24,197,224.
[134] *Sanskrit-Chinese Dictionary*, Eitel, *sub voce*.

De maneira alguma o Buddha ignorou esses estados; aliás, nós o encontramos descrevendo ambos detalhadamente. Muitos infernos[135] são mencionados com algum detalhe por ele no *Mahāvagga*, ligado ao destino *post-mortem* de um de seus *bhikshus*. Mais uma vez, no *Mahāparinibhānasutta*, disse ele sobre o pecador: 'Com a dissolução do corpo, após a morte, ele renasce sob alguma condição infeliz de sofrimento ou desdita', enquanto o pio, sob condições similares, 'renasce sob alguma condição de felicidade no céu'[136]. As escrituras da Igreja do norte possuem relatos muito amplos dos mundos invisíveis. Existe o *Kāma Loka*, que consiste da terra e dos quatro céus inferiores, a morada dos *devas*, *asuras*, demônios, bestas e homens (os planos físico e astral). A seguir vem a morada de *Māra* (astral) e os dezoito céus do *Rupa Loka* (*Rupa Devachan* ou *Svarga*). Além desses, o *Arupa Loka* de quatro céus, 'um estado extático de existência real; aqui habitam aqueles discípulos do Buddha que não atingiram a natureza imperecível'. Além desse está o Nirvana'[137].

Em relação a isso, como em relação a algumas outras das verdades ocultas, as escrituras da Igreja do norte parecem conter mais dados do que as do sul; as tradições dos *Arhats*, a quem o Buddha, na velhice, passou os ensinamentos secretos, foram levadas para o Tibete e a China quando os budistas fugiram da Índia, e lá foram fielmente preservadas.

A sua visão dos assim chamados poderes miraculosos está registrada no *Surangama Sutra*[138], onde ele disse que pela prática do s*amādhi* sem qualquer dependência de *bodhi* – i.e., buscar os *sidhis* em vez de *jñāna*[139] – os homens atingem o poder de voar através do espaço, da invisibilidade, etc., e atingem vários graus de conhecimento sublime, porém, não alcançando a sabedoria, eles ainda estão presos à roda de transmigração.

Muita controvérsia tem surgido devido à aparente negativa pela Igreja do sul a respeito da continuidade do ego passando de vida a vida. Orientalistas, tais como o Dr. Rhys Davids, insistem nisto, e muito da desconfiança popular do hindu a respeito dos budistas surge de uma

[135]Os Infernos no Budismo não são eternos, mas sua duração é diretamente proporcional aos erros cometidos (N.E)

[136] Op. Cit., 1, 28, 42.

[137]*Catena of Buddhist Scriptures*. Resumido das escrituras chinesas, pp. 89-91.

[138]Ibid., pp. 30-1.

[139]Buscando poderes em vez da sabedoria.

crença geral no agnosticismo desses.

Os ensinamentos do próprio Buddha, no entanto, são suficientemente claros. Assim, quando foi perguntado a respeito de alguns de seus discípulos que haviam morrido – 'Onde eles renasceram e qual é o seu destino?' –, ele respondeu que um havia alcançado a emancipação; outro 'tornara-se um *Sakādāgamin*, que no seu próximo retorno a esse mundo irá terminar em dor'; e outro 'era provável não mais nascer no estado de sofrimento' – em todos esses casos, uma individualidade permanente é obviamente tomada como certa.

Um discípulo pode dizer de si mesmo: 'O inferno para mim não mais existe, nem o renascer como animal ou como fantasma, ou em qualquer lugar de desdita. Estou convertido. Não estou mais propenso a renascer num estado de sofrimento, e tenho certeza da salvação final'.[140] Ele disse também que aqueles que morreram enquanto 'acreditavam de coração estar fazendo tal peregrinação renascerão após a morte nos felizes reinos dos céus, quando o corpo for decomposto'.[141] A doutrina do Eu contida no *Vinaya* já foi citada. E nós o encontramos dizendo como qualquer outro hindu: 'Pois o Eu Superior é o Senhor do eu inferior; o Eu é o refúgio do eu inferior'[142] – uma frase sem significado se não existe o Eu.

Aliás, todo o ensinamento perde sua razoabilidade e termina em ruínas se for negado o ensinamento fundamental de um ego que passa de nascimento a nascimento no ciclo de encarnações, e emerge no Eu quando é atingida a emancipação. Esse é o preceito hindu, e o Buddha construiu seus ensinamentos sobre a aceitação universal dos mesmos entre seus ouvintes.

Na Igreja do norte a doutrina do 'homem verdadeiro sem uma posição' permaneceu incontestada. A Escola Lin-tsi ensina: 'Dentro do corpo que admite sensações, que adquire conhecimento, que pensa e que age [compare-se à afirmativa referente ao Eu no *Vinaya*], lá está o "homem verdadeiro sem uma posição", *Wu-weichenjen*. Ele se faz plenamente visível; sequer a mais tênue película separadora o oculta.

---

[140] *Mahā-parinibbāna-sutta*, 2. 6-10.

[141] Ibid., V. 22. A peregrinação é para qualquer um dos quatro lugares nos quais o Buddha respectivamente nasceu, alcançou iluminação, fundou o reino da verdade e morreu.

[142] *Dhammapada*, 380.

Por que você não o reconhece? O poder invisível da mente permeia cada parte. (...) Esse é Buddha, o Buddha contigo'[143].

A seguir, devemos considerar seus ensinamentos a respeito da 'Senda', que depende inteiramente da continuidade da vida. A Senda, no Budismo, possui os mesmos estágios que os fornecidos por Sri Shankarāchārya, tanto no que diz respeito à senda preliminar quanto à própria senda.

O Buddha pede de seus discípulos, como primeira qualificação, aquela abertura de mente que é idêntica ao discernimento, ou *viveka* – discernimento entre o permanente e o impermanente. O segundo passo é aquele que diz respeito à ação, que ensina a indiferença aos frutos da ação, e que é idêntico a *vairāgya*. Depois, seguem as seis qualificações da mente, as mesmas seis que são ensinadas no Hinduísmo. Em quarto lugar, o anelo profundo pela libertação, a mesma coisa que *mumukshā*; e por fim, o *gotrabhu*, a mesma coisa que o *adhikāri*, quando o homem está pronto para a Iniciação.

Após a Iniciação vem a senda propriamente dita, delineada na seguinte citação, que começa no estágio mais elevado e que o segue no sentido inverso. O Buddha disse: 'O *Rahat* [*Arhat*] é capaz de voar pelo ar, mudar de aparência, determinar os anos de sua vida, sacudir o céu e a terra. Os estágios sucessivos rumo a esta condição de ser consistem em: o *Anāgāmin*, que ao final dos [anos] de sua vida ascende em forma espiritual aos dezenove céus, e em um desses completa seu destino tornando-se um *Rahat*. A seguir vem a condição de *Sakridāgāmin*, na qual, após um nascimento e uma morte, o homem torna-se um *Rahat*. A seguir vem a condição de *Srotapanna*, na qual, após sete nascimentos e mortes, o homem torna-se um *Rahat*. Corresponde àqueles que, tendo se separado inteiramente de todo desejo e luxúria, são como os galhos de uma árvore, seccionados e mortos'[144].

Assim, como registram as escrituras, o Buddha ensinou a seus discípulos. E temos o direito de usar essas escrituras contra as falsas concepções daqueles que, materializados nos seus próprios pensamentos, são

143 *Chinese Buddhism*, pp. 163, 464.

144 Sutra of the Forty-two Sections. *Chinese Buddhism*, 191

impacientes para com as verdades do mundo invisível.

A condição de *Arhat*(ado) é o último passo antes de atingir a libertação e ganhar a consciência do Nirvana. O ensinamento do Buddha quanto ao Nirvana é talvez o de registro mais claro, sendo positivo em vez de negativo, como é de costume.

Tendo dito que o *bhikshu* deve concentrar dentro de si mesmo todas as suas faculdades mentais, 'tal como a tartaruga recolhe o corpo para dentro da carapaça', o Senhor então fala sobre o Nirvana: '*Bhikshus*, o incriado, o invisível, o não feito, o elementar, o não produzido, existe tanto quanto existe o criado, o visível, o feito, o concebível, o composto, o produzido, e existe uma conexão ininterrupta entre ambos. *Bhikshus*, se o incriado, o invisível, o não feito, o elementar, o não produzido, fosse uma não entidade, eu não poderia dizer que o resultado de sua ligação de causa e efeito com o criado, o visível, o feito, o composto, o concebível, fosse a emancipação final. (...) A impermanência do criado, do visível, do feito, do produzido, do composto, do grande tormento da sujeição à velhice, à morte e à ignorância, que procede da causa de comer; [tudo isso] é destruído, e nisso não se encontra satisfação alguma; esta é a característica essencial da emancipação final. Então não haverá dúvidas e escrúpulos; todas as fontes de sofrimento cessarão, e ter-se-á a felicidade da paz do *samskāra*. (...) Esta é a principal [beatitude] daqueles que alcançaram a meta, paz perfeita e insuperável, destruição de todas as características, a perfeição da pureza perfeita, a aniquilação da morte'[145].

Tal é sua descrição do estado no qual ele próprio residia continuamente, quer fosse no corpo ou fora dele. Todavia encontramos pessoas que, em vez de acreditar no aniquilamento da morte, acreditam no aniquilamento da vida no Nirvana. Talvez não haja escritura na qual a verdade do Nirvana seja exposta de maneira tão plena como aqui. É a existência, e não a não existência; é a realidade, e não a não realidade; é a permanência, e não a transitoriedade. O que se quer dizer por 'Nirvana', pela 'saída' implícita no nome, é – declara ele – a saída de todas aquelas coisas impermanentes; elas desaparecem, e então o homem obtém sua emancipação final.

---

[145] *Udānavarga*, 26. 1, 21, 22, 24. 31

Durante quarenta e cinco anos o Senhor Buddha percorreu o norte da Índia ensinando, até que sua obra estivesse completada e chegasse a hora de abandonar o corpo. Uma estranha história está ligada à sua morte, bastante significativa nos tempos antigos, mas que é vista em sentido literal nesses tempos modernos por aqueles que comem porcos.

Chunda, um ferreiro, logo após o Buddha ter anunciado sua partida próxima, ofereceu-lhe sua refeição diária e preparou carne seca de javali, arroz-doce e bolos. O Senhor ordenou que Chunda lhe servisse apenas a carne e que desse o arroz e os bolos aos discípulos; e lhe ordenou que enterrasse o que restou do corpo do javali; pois 'não vejo ninguém, Chunda, sobre a terra, nem nos céus de *Māra* nem nos céus de Brahmā, ninguém entre os *samanas e os* brâmanes, entre os deuses e os homens, por quem, quando o tiver comido, esse alimento possa ser assimilado, exceto pelo *Tathāgata*'[146]. Certamente que estas palavras são suficientes para mostrar que a 'carne de javali' não era alimento físico, do tipo que os homens que se alimentam de carne assimilam sem dificuldade.

Depois de comer, ele ensinou; e então um mal-estar e uma grande dor desceram sobre ele. Ele suportou com calma e, recobrando-se, seguiu adiante com sua rotina. Naquele mesmo dia observou-se que sua pele brilhava com esplendor excessivo, e ele disse a Ānanda que aquele era o sinal de sua partida naquela noite. Deitando-se, ele descansou por alguns instantes e depois, levantando-se, dirigiu-se para o bosque de *sāla* dos Mallas e deitou-se entre duas árvores *sāla* gêmeas, com a cabeça voltada para o norte. As árvores despejaram suas flores sobre ele, flores celestes caíram, e a música celeste soou em homenagem ao moribundo Senhor, mas ele falou a Ānanda e disse que, embora tal homenagem lhe fosse devida, todavia mais valiosa era a homenagem prestada pelo homem ou mulher puro e nobre que obedecia sua lei.

Todos os *devas* de vários mundos se reuniram, multidões de homens vieram prestar sua última homenagem, e o Buddha fez seu último *Arhat*, o mendigo Sabhadda. Quinhentos discípulos estavam à sua volta quando ele pronunciou suas últimas palavras: 'Observai agora, irmãos, eu vos exorto, dizendo: A decadência é inerente a todas as coisas compos-

[146] *Mahā-parinibbāna-sutta*, 19.

tas. Trabalhai vossa salvação com diligência'. Depois se fez silêncio, e ele entrou em profunda meditação e não retornou.

Como um rei de reis, o seu corpo foi preparado para a cremação e posto sobre uma pira de madeiras fragrantes. O corpo não deixou cinzas, mas os ossos permaneceram. Esses foram divididos como relíquias sagradas, e levados em oito porções, cada uma a ser colocada sobre uma *Thupa*; uma nona *Thupa* foi erigida sobre a urna na qual seu corpo tinha sido cremado; e uma décima, pelos Moriyas, sobre as brasas da sua pira funerária. Assim terminou a vida mais nobre vivida por alguém de nossa humanidade, o primeiro que nesse globo atingiu o Budado. 'Curvai-vos com as mãos postas! Difícil, difícil é encontrar um Buddha ao longo de centenas de eras![147]

Não há tempo para acompanhar o crescimento posterior do Budismo, o desenvolvimento de suas diferentes escolas de filosofia, a linha de nobres instrutores treinados em sua sabedoria, a materialização da fé que seguiu sua introdução entre os povos menos desenvolvidos e menos metafisicamente inclinados, e a manutenção de sua pureza original nas suas escolas esotéricas.

Já se falou bastante da declaração do próprio Buddha para consubstanciar a alegação de que os ensinamentos e o treinamento no Hinduísmo e no Budismo são semelhantes, e para suplicar por amor e amizade entre as duas fés, que pertencem ao povo hindu e que são a glória da raça hindu. Esse ensinamento do Buddha é o ensinamento antigo reproclamado. Os instrutores de ambas as fés pertencem à mesma fraternidade; os discípulos de ambas seguem rumo à mesma meta; não há diferença entre o Mestre budista e o Mestre hindu, pois ambos ensinam as mesmas verdades essenciais e vêm seguindo uma trilha comum a ambas as religiões. Embora nascido em solo indiano, falando com lábios indianos, ensinando a mais nobre moralidade das escrituras hindus, reconhecendo os deuses hindus, o Buddha ainda é rejeitado pelo povo hindu como instrutor, embora contraditoriamente venerado como *avatar* por muitos dos hindus ortodoxos.

[147] As palavras que encerram o *Mahā-parinibbāna-sutta*, das quais é resumido o relato acima sobre a partida, quaisquer passagens entre aspas correspondem a citações textuais.

Por que deveria haver animosidade em vez de fraternidade? Por que deveria haver suspeição e ódio em vez de paz? O Buddha é verdadeiramente a glória do povo hindu, nascido na casta Kshattriya, pertencente ao povo ariano, ensinando as verdades antigas sob uma nova forma, e aprontando-as para o treinamento de grandes multidões. Ele é também o maior entre os instrutores do mundo, o mais puro e de mais beleza entre todas as florescências da humanidade que falou a língua indiana e amou o povo indiano. Certamente que deveriam reverenciá-lo, o Sagrado Ser. Admite-se que ele seja instrutor entre os deuses; ele é digno de homenagem como instrutor entre os homens.

Cristianismo

Significado do Símbolo

CRUZ: A Cruz foi adotada como símbolo pelo Cristianismo por causa de Jesus Cristo ter sido crucificado e representa a Santíssima Trindade: a extremidade superior representa Deus (o Pai) no Céu, a extremidade inferior representa Jesus Cristo (o Filho) na Terra e as duas extremidades horizontais representam o Espírito Santo.

Na Ciência Hermética, entre os egípcios, a cruz é o símbolo dos quatro elementos.

Ao lidar com o tema do Cristianismo, existem algumas dificuldades com as quais não tivemos que lidar ao falar de outras religiões. Estas dificuldades especiais surgem a partir de causas distintas. Primeiramente, existe certa obscuridade histórica a respeito de sua origem, devido às lutas através das quais o Cristianismo passou nos seus primórdios – numa época em que os registros não eram cuidadosamente guardados, quando foi apresentada uma enorme quantidade de documentos espúrios exibindo nomes sagrados, a princípio aceitos cegamente e depois gradualmente peneirados. A obscuridade não incomodaria, uma vez que pode ser rapidamente dissipada pela luz do conhecimento oculto; mas se isso fosse tentado, muitos cristãos de hoje em dia iriam sentir-se amargamente ofendidos, como se os elementos essenciais de sua fé estivessem sendo atacados.

A nossa próxima grande dificuldade são as enormes diferenças que separam as seitas cristãs umas das outras; de modo que qualquer que seja a linha que se siga, é provável que se encontre alguns cristãos reclamando que o Cristianismo tem sido deturpado, visto que não tem sido orientado ao longo de suas linhas especiais.

Temos a Igreja Ortodoxa e a Igreja Católica Romana, ambas abrangendo a grande maioria da população cristã; depois temos um número muito grande de diferentes igrejas e seitas reunidas sob o nome de 'Protestantes' – uma denominação complicada para se lidar, porque ela nada afirma, mas simplesmente declara o seu protesto contra opiniões defendidas por outros cristãos. Por isso, nestas três divisões, como as chamarei por enquanto, encontramos um grande número de sérias contradições; e o estudante que deseje fazer uma exposição razoável, sem de modo algum deturpar, encontra-se num redemoinho de afirmações conflitantes, em que a aceitação de qualquer uma o põe em conflito com as demais.

Nada existe fora da Bíblia e do credo dos Apóstolos que deva ser considerado pela totalidade do mundo cristão como uma representação razoável da doutrina cristã, e verdadeiramente existe contestação em abundância quanto ao significado dessas coisas. A extraordinária importância atribuída por todas as seções do mundo cristão a uma forma particular de crença intelectual causa amarga controvérsia, desconhecida dos outros credos; pois a exatidão da crença parece ser uma condição mais importante para se tornar membro na maioria delas do que a submissão a alguma regra de conduta.

Proponho fazer uso das escrituras aceitas da religião em geral e sobre elas basear minha exposição. Usarei também os documentos da igreja primitiva – os ensinamentos dos 'Padres da Igreja', como são chamados – para elucidar as escrituras. E então, usando a luz do Ocultismo, tentarei desembaraçar o essencial do não essencial, separar aquilo que é real e verdadeiro dos acréscimos que se lhe sobrepuseram por falta de conhecimento e pelas exigências de controvérsias.

Outra dificuldade permanece, e esta diz respeito às emoções e não ao intelecto. Somente o Cristianismo, entre as religiões do mundo, alega ser único; todas as outras religiões alegam autoridade sobre seus próprios seguidores e permanecem, por assim dizer, em seu próprio terreno, admitindo o valor das outras religiões e mantendo, com relação a elas, via de regra, uma posição de benevolente neutralidade, não de ativa oposição.

Mas com o Cristianismo, não é esse o caso. O Cristianismo alega ser a única revelação, a única voz de Deus ao homem. Não permite rivais, não admite irmãos na sua morada; alega ser capaz de manter-se por si, sozinho, inacessível, classificando todas as outras religiões do mundo como equivocadas, às vezes sob o nome desdenhoso de 'pagãs', às vezes algo mais cortês, mas ainda assim no mesmo espírito exclusivista.

Isso, certamente, incita sentimentos rancorosos de ambos os lados. O divulgador cristão insiste no valor supremo de sua própria crença e no pequeno valor das crenças dos outros; enquanto os membros das outras crenças, ressentindo-se da presunção de superioridade, sentem-se movidos a uma oposição ao Cristianismo que não sentem com relação às crenças não missionárias do mundo.

Especialmente num país como a Índia, aqueles que não pertencem à religião cristã veem apenas o seu pior lado, seu antagonismo (muito frequentemente acompanhado de insulto e afronta) com relação às outras religiões. Assim, fica muito difícil obter a compreensão amistosa daquilo que a religião realmente é em si mesma, pois ela é vista sob seus aspectos mais desfavoráveis – do seu lado militante, e não do seu lado religioso. Olhemos para esta religião com tanta simpatia quanto para as outras, e a vejamos como um modo no qual o Supremo está treinando um grande número de sua família humana, como uma religião que traz auxílio, conforto e ensinamento espiritual para milhões da raça humana. Se ela sofre – como geralmente acontece – pela falta de sabedoria dos militantes que a representam, esqueçamos esse lado e olhemos para ela simplesmente como uma religião, e não como uma agência de proselitismo.

Com esse prefácio, vejamos as autoridades e aquilo com que temos de lidar no estudo da religião, até onde podemos entender o ambiente no qual ela gradualmente cresceu; pois sem isso jamais compreenderemos a apresentação posterior de suas doutrinas nem entenderemos como ela se desenvolveu.

Antes de tudo, existem certos livros canônicos, igualmente aceitos por todas as divisões da cristandade e que jamais foram contestados pela Igreja Ortodoxa do Oriente, pela Católica Romana ou pelas Protestantes. Todas aceitam, sem questionamentos, certos livros que são conjuntamente classificados sob os nomes de *Velho* e *Novo Testamentos*. Esses livros formam a *Bíblia*, que contém a revelação divina e que considera como herege qualquer coisa que lhe seja contrária.

O *Velho Testamento*, a mais antiga de ambas as escrituras, consiste de uma série de diferentes livros, alguns deles históricos, recebidos da nação judaica ou hebraica. Seus escritos estendem-se por um longo período de tempo; e a sucessão de livros é marcada pelo nítido crescimento de uma condição comparativamente bárbara – na qual a religião se estreitou, com base em sacrifícios de caráter peculiarmente sanguinolento –, até quando, em épocas posteriores, o povo hebreu, tendo entrado em contato com outras civilizações – especialmente aquelas dominadas pela religião de Zoroastro – admitiu em sua própria fé um conceito mais nobre e maior do Ser Divino. Os livros proféticos contêm algumas das mais nobres passagens referentes à natureza de Deus e à retidão que Deus exige dos homens.

O *Velho Testamento* inclui os *Salmos*, que são canções algo da natureza daquelas que encontramos em outras religiões, como nos *Vedas* dos hindus ou nos *Gāthās* dos zoroastrianos. Alguns deles são marcados pelo mais elevado e nobre espírito, enquanto outros, pertencentes ao estágio anterior, são excessivamente militantes em sua característica e nem sempre proveitosos ou dignos.

O *Novo Testamento* consiste de quatro Evangelhos, contendo a vida do Fundador da religião. O 'Atos dos Apóstolos' é da Igreja primitiva; e em seguida uma série de epístolas escritas pelos líderes do movimento infante para diferentes seções da Igreja. Finalmente, há um livro de profecias.

Existe comparativamente pouco ensinamento nos evangelhos; certas doutrinas podem ser deduzidas a partir deles, mas há poucas declarações oficiais. Os ensinamentos do Cristo são mais de uma natureza ética do que filosófica; é nas epístolas que encontramos a maior parte das afirmações dogmáticas e um antigo esboço das doutrinas da fé.

Fora desse cânon, existe uma quantidade de documentos chamados escrituras apócrifas. As escrituras apócrifas dos judeus são obras notáveis, especialmente uma delas, o *Livro da Sabedoria* – um documento de rara beleza e espiritualidade. Esses são mais amplamente aceitos pelas Igrejas Ortodoxa e Católica Romana do que pelas Igrejas Protestantes.

A seguir, existe uma coleção de apócrifos (excluída dos escritos aceitos) em conexão com a Igreja primitiva. Entre esses se incluem os evangelhos de Maria, de Pedro, de Tiago etc. Histórias da infância de Jesus e de sua vida posterior; histórias de sua descida ao inferno e de sua obra no mundo invisível – muitas dessas muitíssimo interessantes e instrutivas para o estudante do Cristianismo primitivo, e devem ser estudadas se houver o desejo de compreender o ambiente intelectual onde ocorreram.

Por fim, temos uma imensa literatura dos Padres, os bispos, os instrutores da Igreja primitiva, escritos durante a parte final do século II, adentrando os séculos III, IV e V. Ninguém tem competência para avaliar a doutrina cristã ou ser um instrutor ou expoente do Cristianismo sem o conhecimento dessa literatura. Os escritores eram eruditos, muitos dos quais foram considerados santos pela Igreja posterior – homens como São Clemente de Alexandria, Santo Irineu, e muitos outros.

Esses documentos são de enorme valor para a compreensão do crescimento do Cristianismo; e é em grande parte devido à indiferença das

Igrejas Protestantes com relação a eles e à profunda ignorância do conteúdo dos mesmos, como via de regra encontramos entre o clero protestante menos instruído, que o Cristianismo é geralmente apresentado com aspecto tão rude, estreito e não filosófico – o que o faz rejeitado pela maioria dos eruditos. Nesses documentos encontram-se as bases filosófica e metafísica do Cristianismo. Todavia, existe aquele tipo peculiar de pessoas que alegam que 'a *Bíblia*, e somente a *Bíblia*, é a religião dos protestantes'. O resultado disso é uma forma ainda mais não filosófica de Cristianismo.

Com relação às tradições orais – pois em grande parte são tradições orais o que se encontra nos quatro Evangelhos –, estas foram escolhidas bem no final do século II e foram reunidas sob os nomes de quatro dos grandes apóstolos da Igreja. Fica claro, pelo preâmbulo ao terceiro Evangelho, que foram escolhidas a partir de muitos outros documentos. Nele, o escritor começa dizendo: 'Por mais que muitos se tenham dado o trabalho de pôr em ordem uma declaração daquelas coisas que são com certeza por demais acreditadas entre nós, mesmo à medida em eles que as pronunciavam a nós – que desde o início eram testemunhas e ministros da palavra –, pareceu-me bom também, tendo tido o perfeito entendimento de todas as coisas desde o princípio, escrever-te em ordem'. E assim ele também escreve seu evangelho. Ora, esse é um pormenor importante, pois mostra como esses relatos foram escritos. No Cristianismo, como em outras religiões, uma imensa quantidade de tradição oral foi passada de boca a boca sem ser escrita até muito tempo depois.

Muitos dos ensinamentos sagrados jamais foram escritos, como descobriremos a partir do testemunho de alguns dos padres da Igreja. O credo que todo cristão aprendeu a recitar foi ensinado apenas oralmente, para ser usado como sinal de reconhecimento de certo *status* na Igreja. Esse período de ensinamento oral é de considerável importância, e sua existência é posteriormente comprovada pelas citações dos depoimentos de Jesus dados pelos padres primitivos – por homens como Justino, o Mártir; Inácio, o Pastor de Hermas; e outros – que citam como depoimentos do Senhor frases que não são de modo algum encontradas nos evangelhos canônicos, mas que são encontradas nos assim chamados apócrifos. Os canônicos são seleções de uma tradição maior, reunidos em data posterior. Teremos que dar uma olhada em São Clemente de Alexandria – um dos maiores padres da Igreja –, em Tertuliano, em Orígenes, que deixaram escritos volumosos que nos ajudam a ver em detalhes a condição da Igreja na época em que viveram. Contaremos com eles para estabelecer certas posições fundamentais, sem as quais seríamos injustos para com o Cristianismo, como o fazem muitos dos seus seguidores atuais.

O ensinamento cristão pode ser dividido em duas partes – o revelado e o não revelado, a doutrina exotérica e a esotérica. Essa divisão existia entre os hebreus, que tanto influenciaram a tradição primitiva do Cristianismo e que possuíam um sistema secreto conhecido pelo nome de *Cabala* – o qual deveria ser conhecido dos fervorosos estudantes do Cristianismo. Mas quero atrair atenção para certas declarações do Cristo a seus apóstolos e dos instrutores primitivos que provam, além da possibilidade de dúvidas, a existência de ensinamento oculto ou esotérico, cuja perda em algumas partes da Igreja explica em grande medida as grosseiras afirmações que agora ouvimos referentes a Deus e à alma humana.

Antes de tudo, tomemos uma ou duas declarações do próprio Cristo referentes ao seu método de ensino. Ele diz a seus apóstolos: 'A vós é dado conhecer o mistério do Reino de Deus; mas àqueles que são de fora, todas essas coisas são ditas em parábolas'[148]. Orígenes comentou essa declaração da seguinte maneira: 'Ainda não falei da observância de tudo que está escrito nos Evangelhos, cada uma das quais contém muito da doutrina, difícil de ser compreendida não apenas pela multidão, mas até mesmo por alguns dos mais inteligentes, incluindo uma explicação muito profunda das parábolas que Jesus expôs "aos de fora", enquanto reservava a exibição do seu pleno significado àqueles que tinham passado além do estágio do ensinamento exotérico e que vieram particularmente até ele em casa. E quando se consegue compreender isso, reverencia-se a razão por que se diz que alguns são chamados "de fora" e outros "da casa"'[149].

Assim, Orígenes traça uma distinção entre aqueles 'de fora' – os

[148] Marcos, 4. 11.

[149] *Contra Celso*, 21. Não tendo os Padres à mão, me vali de suas citações contidas na excelente série de artigos do Sr. A. M. Glass sobre 'Cristianismo e seus Ensinamentos', em *Lúcifer*.

iletrados, a multidão ignara, a quem se poderiam ensinar apenas os elementos da verdade através de parábolas – e aqueles 'da casa' – apóstolos e discípulos, a quem a palavra de Deus foi revelada em seu conjunto, os mistérios do Reino não revelados ao mundo exterior.

Então, mais uma vez encontramos Jesus dizendo a seus discípulos palavras que não admitem falsa interpretação: 'Não dai aquilo que é sagrado aos cães, nem lanceis vossas pérolas aos porcos, para que eles não as pisoteiem'[150]. A palavra 'cão' foi usada para descrever aquelas nações que não eram da semente de Abraão. Assim, quando a mulher siro-fenícia dirigiu-se a Jesus e lhe pediu para que exercesse seu poder miraculoso, sua primeira resposta foi: 'Não se pretende tirar o pão das crianças e lançá-lo aos cães'. Ela humildemente aceitou o epíteto e respondeu: 'Todavia os cães comem as migalhas que caem da mesa do seu dono'[151]. Dessa forma, a palavra 'cão' significa aqueles que não estão dentro dos limites do Reino de Deus. Os padres primitivos compreendiam isso e seguiam exatamente a mesma política. Clemente de Alexandria, citando essas mesmas palavras, diz que é difícil ensinar 'aos ouvintes sujos e não instruídos'[152].

Novamente, Jesus diz a seus discípulos: 'Tenho ainda muitas coisas a vos dizer, mas não as podeis suportar agora'[153]. De acordo com as tradições dos padres, ele permaneceu na terra após sua ressurreição durante onze anos, ensinando as coisas secretas a seus apóstolos. São Clemente diz desse conhecimento sagrado: 'Desde o início foi comunicado apenas àqueles que entendiam. Agora que o Salvador ensinou aos Apóstolos, a versão não escrita das (escrituras) escritas foi entregue também a nós'[154].

De acordo com o *Atos dos Apóstolos*, ele só permaneceu durante quarenta dias, mas durante esses quarenta dias ele os instruiu no que diz respeito às 'coisas do Reino de Deus'. Essas instruções permaneceram sem registro; não há rasto delas nas escrituras canônicas[155]. Aliás, Orígenes nos diz que Jesus ensinou a seus discípulos confidencialmente,

[150]Mateus, 7. 6.
[151]Ibid., 15. 26, 27.
[152]*Stromata*, 1. 12.
[153]João, 16.12.
[154]*Stromata*, 6. 15.
[155]*Atos*, 1. 3.

e especialmente durante seus retiros secretos, mas as palavras que ele proferiu não foram preservadas[156].

De modo semelhante, São Paulo diz a seus convertidos da Igreja de Corinto: 'Eu, irmãos, não poderia falar-vos como a seres espirituais, mas como a seres carnais, até mesmo como a bebês em Cristo'[157]. Novamente: 'Falamos a sabedoria de Deus nos mistérios, mesmo a sabedoria oculta'[158], e 'falamos de sabedoria entre aqueles que são perfeitos'[159] (não entre a população em geral, mas entre os perfeitos – uma terminologia que é bem reconhecida no seu sentido técnico como significando aqueles que foram iniciados nos Mistérios).

Clemente de Alexandria afirma que nos seus escritos ele apenas pretendia relembrar a seus leitores a verdade que tinham recebido mais plenamente na exposição oral: 'A forma escrita desses meus memorandos, bem sei, é fraca, quando comparada àquele espírito, cheio de graça, que tive o privilégio de ouvir. Mas será uma imagem para lembrar o arquétipo àquele que foi tocado pelo Tirso'[160], uma frase que todo ocultista irá compreender. 'Não se deve desejar', escreve ele, 'que todas as coisas sejam expostas indiscriminadamente a todos, ou que os benefícios da sabedoria sejam comunicados àqueles que não tenham a alma purificada, mesmo num sonho (pois não é permitido entregar àquele que chega por acaso o que tem sido procurado com tão laboriosos esforços); nem devem os mistérios da Palavra ser expostos ao profano'[161].

Quando Celso investiu contra o Cristianismo como sendo uma sociedade secreta, Orígenes respondeu: 'Falar da doutrina cristã como um sistema secreto é totalmente absurdo. Mas que deve haver certas doutrinas que não podem ser ensinadas à multidão, que são reveladas após as doutrinas exotéricas terem sido ensinadas, não é uma peculiaridade só do Cristianismo, mas também de sistemas filosóficos nos quais certas verdades são exotéricas e outras esotéricas'[162]. Para preservar a ordem

[156] *Contra Celso*, 6. 6.
[157] *I Coríntios*, 3. 1.
[158] Ibid., 2. 7.
[159] Ibid., 2.6.
[160] *Stromata*, 1. 1.
[161] Ibid., 6. 9.
[162] *Contra Celso*, 1. 7.

devida, os cristãos convertidos eram guiados sucessivamente através de diferentes estágios: primeiramente, eram ouvintes; depois, catecúmenos; e então, ao receber o batismo, tornavam-se membros plenos da Igreja.

Dentro da própria Igreja também havia graus: primeiro, vinham os membros em geral; desses, os de vida pura passavam para o segundo grau. 'Quem quer que seja puro, não apenas livre de toda corrupção, mas do que é considerado como transgressões menores, que seja ele corajosamente iniciado nos mistérios de Jesus, os quais são apropriadamente ensinados apenas aos sagrados e aos puros. (...) Aquele que age como iniciador, de acordo com os preceitos de Jesus, dirá àqueles de corações puros:

> Aquele cuja alma, durante longo tempo, não esteve consciente de nenhum mal, e especialmente por ter-se entregue à cura pela palavra, possa ele ouvir as doutrinas que foram expostas confidencialmente por Jesus aos seus discípulos genuínos'[163].

Esses eram os 'poucos escolhidos' dos muitos que eram 'chamados'. Além desses, havia 'os escolhidos dos escolhidos', com 'conhecimento perfeito', que 'viviam na perfeição da retidão de acordo com o evangelho'[164].

Tertuliano queixa-se de que os hereges não preservavam esta ordem, e que tratavam a todos por igual: 'Para começar, é duvidoso saber quem é catecúmeno e quem é crente; todos igualmente têm acesso, igualmente ouvem, igualmente oram – mesmo os pagãos, se acontecer de algum aparecer entre eles. "Aquilo que é sagrado eles dão aos cães, e suas pérolas", embora (para ter certeza de que) não sejam as verdadeiras, "eles lançam aos porcos"'[165].

Parte desse ensinamento, pelo menos, dizia respeito ao verdadeiro significado das escrituras, que não eram de modo algum aceitas como meros documentos históricos e éticos como o são hoje em dia. Orígenes explica – e suas afirmações são especialmente valiosas, já que ele é tido

---

[163] Ibid., 3. 60.
[164] *Stromata.*
[165] *De Praeretione Haereticorum*, 41.

como 'um expositor da tradição mística da Igreja'[166] – que a escritura é tripla em significado: a 'carne', para o homem simples; a 'alma', para os mais instruídos; o 'espírito', para o 'perfeito'. E ele cita as já mencionadas palavras de São Paulo quanto à Sabedoria de Deus nos mistérios'.

As histórias são a 'carne', e são muito úteis aos simples e ignorantes, mas frequentemente são introduzidos absurdos para mostrar que existe um significado oculto e que os evangelhos 'não contêm na sua totalidade uma pura história de eventos, que são entretecidos, realmente, de acordo com a letra, mas que na verdade não ocorreram'.

'Os próprios evangelhos estão cheios do mesmo tipo de narrativas: e.g., o diabo conduzindo Jesus montanha acima, (...) e o leitor atento pode notar inúmeras outras passagens como esta nos evangelhos, para que se convença de que nas histórias que estão literalmente registradas são inseridas circunstâncias que não ocorreram'[167].

Algumas sugestões são dadas por diversos padres quanto aos métodos de interpretação das escrituras, e fica evidente que existiu um sistema muito complexo, sendo numérica, pelo menos, uma das chaves.

O Cristianismo, então, como outras grandes religiões, possuía seu ensinamento secreto confinado aos poucos. Isso foi perdido em sua maior parte na torrente de ignorância que varreu a Europa após a queda do Império Romano, e a crua interpretação, 'o ensinamento para as multidões', substituiu as verdades espirituais conhecidas dos poucos. Alguns fragmentos sobreviveram sob a custódia das Igrejas Ortodoxa e Latina, e símbolos e cerimônias ainda fazem lembrar sua presença original; mas como ensinamento sistemático, eles desapareceram, deixando o Cristianismo desprovido de sua força.

Dessa maneira, o Cristianismo enfraqueceu, o ceticismo se desenvolveu, e encontramos homens e mulheres rejeitando a totalidade do Cristianismo porque sua apresentação é totalmente indigna de consideração intelectual e porque contradiz os fatos mais óbvios da ciência.

Vamos agora acompanhar rapidamente a evolução religiosa da nação hebraica para que possamos entender o lugar que nela detém o fundador

---

[166] Ecclesiastical Histiry, 3.5.

[167] *De Principiis*, 4. 1.

do Cristianismo, o conceito de Deus existente em sua época, e as mudanças por que passara esse conceito.

Nos livros mais antigos das escrituras hebraicas, encontramos uma ideia muito limitada de Deus, por mais verdadeira que possa ser, com relação aos deuses inferiores – comparativamente estreitos em suas individualidades e limitados em seu poder, como necessariamente devem ser todos os deuses menores. Algumas ideias são totalmente revoltantes quando aplicadas à Deidade Suprema e passadas como descrições do Deus uno, o Supremo *Logos* – Ele, que preside o universo e que é a Vida e o Mantenedor de tudo.

Lembremos de passagem as muitas afirmações, tais como o modo no qual esse representante do divino desceu para caminhar no jardim do Éden, desceu para perturbar os construtores da torre de Babel, e assim por diante, para que compreendamos de imediato que estamos face a face com as entidades divinas inferiores, e não com o *Logos*. Mas as deixemos, com os sacrifícios de sangue que as cercam, e peguemos os mais nobres conceitos dos profetas que moldaram as visões posteriormente adotadas na Igreja Cristã.

Aqui encontramos uma ideia de Deus que é sublime e pura em caráter. Ele é essencialmente sagrado – o Uno Sagrado de Israel; ele é 'o elevado e sublime Uno que habita a eternidade, cujo nome é Sagrado'[168]. Ele é 'Deus, o Senhor; Ele, que criou os céus e os preencheu; Ele, que criou a terra e aquilo que dela surgiu; Ele, que dá alento às pessoas sobre a terra e espírito àqueles que nela caminham'[169], Ele é o Uno, o único Deus. 'Antes de mim não havia Deus, nem haverá depois de mim. Eu, Eu mesmo, sou o Senhor; e além de mim não há salvador'[170]. Nesta visão mais nobre de Deus, vemos muitos traços da influência da crença zoroastriana.

As ideias dos hebreus antes e depois do cativeiro com os persas são inteiramente diferentes. Existe agora uma demanda por retidão, por pureza, e um desprezo pelas observâncias exteriores quando não unidas à nobreza interior do caráter – um desprezo que é às vezes duro em sua expressão de enorme indignação à ideia de que alguém ousaria oferecer

[168] Isaías, 57. 15.
[169] Ibid., 42. 5 .
[170] Ibid., 43. 10, 11.

a um Deus sagrado meras cerimônias externas, em vez de uma vida de retidão e nobreza. Assim, por exemplo, aquela forte passagem do profeta Amós: 'Eu odeio, desprezo vossos dias de festa, e não vou feder em vossas assembleias solenes. Embora me oferteis oferendas queimadas e vossas oferendas de carne, não as aceitarei; nem levarei em consideração o oferecimento de paz que fazeis com vossos gordos animais. Afastai de mim o barulho de vossas canções, pois não ouvirei a melodia das violas. Mas deixeis o julgamento fluir como as águas e a retidão como uma poderosa corrente'[171]. Esse é o espírito dos profetas posteriores.

Podemos pegar outro exemplo de Isaías. As pessoas estão queixando-se de que, embora façam jejum, Deus não as ouve; que afligem seus corpos e suas almas, e todavia ele não lhes dá a mínima. A resposta é inflexível: 'Vós não ireis jejuar, como o fazeis hoje, para que vossa voz seja ouvida nas alturas. É esse o tipo de jejum que eu escolhi? Um dia para o homem afligir sua alma? É para curvar a cabeça como um junco, e espalhar aniagem e cinzas debaixo dele? Vós chamais isso de jejum e um dia aceitável ao Senhor? Não será o jejum que eu escolhi: ter as mãos livres de maldade, desfazer os pesados fardos, libertar os oprimidos, e terminar com todo jugo? Não será dar vosso pão ao faminto e trazer os pobres que estão banidos para vossas casas? Quando virdes o despido que o cobrísseis; que não vos escondêsseis de vossa própria carne? Então vossa luz brilhará como a manhã e vossa saúde melhorará rapidamente; e vossa retidão seguirá à vossa frente; a glória do Senhor será vossa recompensa'[172].

Farei apenas mais uma citação para mostrar o ambiente mental no qual Jesus nasceu; e é uma palavra do profeta Micah, que resume o dever humano: 'Com o que aparecerei perante o Senhor e me curvarei ante o grande Deus? Devo aparecer perante Ele com oferendas queimadas, com bezerros de um ano de idade? Será que o Senhor ficará satisfeito com uma centena de carneiros, ou com dez mil rios de azeite? Terei de dar o meu primogênito por minhas transgressões; o fruto do meu corpo, pelo pecado de minha alma? Ele te mostrou, ó homem, o que é bom. E

[171] *Amós*, 5. 21-4.
[172] *Isaías*, 58. 4-8.

o que o Senhor exige de ti senão agir com justiça, amar a misericórdia, e caminhar humildemente com teu Deus? '[173]

Essa é a moralidade forte e sã que encontramos nos instrutores judeus posteriores, e foi numa nação que até certo ponto pelo menos foi influenciada por esse ensinamento em que nasceu Jesus.

Agora, enquanto olhamos para aquela figura que tem fascinado tantos corações, em torno da qual amor e adoração, de geração após geração do mundo ocidental, se têm entrelaçado, vamos tentar entender o trabalho que ele tinha de realizar, a missão que pretendia cumprir. Uma nova civilização estava para nascer, um novo capítulo estava para ser escrito na vida do mundo. Nações jovens, cheias de vigor e energia, com o intelecto metafísico menos desenvolvido do que o lado mais prático da mente, estavam tomando dianteira e estavam gradualmente assumindo as rédeas dos destinos do mundo. Um povo forte, vigoroso, cheio de vitalidade, cheio de habilidades práticas era o tipo do qual deveriam nascer as nações da Europa.

O treinamento religioso desse povo era o problema que confrontava a Grande Fraternidade, os guardiões da evolução espiritual do homem. Por isso, era necessária outra proclamação das verdades antigas; essas verdades deveriam ser ditas novamente por um mensageiro daquela Fraternidade. O 'novo' povo deveria ser treinado, como o foram outros antes deles; e esse treinamento deveria ser adequado às suas características. Por isso, encontramos no Cristianismo comparativamente pouca coisa de metafísica sutil, mas muito de ética, de nobre moralidade, de ensinamento espiritual de um tipo prático; pouco – na verdade quase nada – da ciência da alma. Isso estava reservado ao ensino esotérico confinado aos seus discípulos imediatos.

A Fraternidade, examinando, por assim dizer, o distrito no qual essa religião deveria ter início, escolheu como instrumento e mensageiro apropriados um jovem já marcado por uma pureza maravilhosa e por uma devoção profunda. Era Jesus, mais tarde conhecido como o Cristo.

Sua missão começou naquele ponto de sua vida descrito nos evangelhos como seu batismo, quando ele tinha por volta de trinta anos.

[173] *Micah*, 6. 6-8.

Foi então, como temos nos evangelhos, que o Espírito de Deus desceu sobre ele, e ele foi proclamado por uma voz provinda dos céus como o Filho de Deus, a quem as pessoas deveriam ouvir[174]. Do ponto de vista oculto, esta foi a maneira alegórica na qual o mensageiro do ensinamento foi escolhido, e representa a iluminação que desceu sobre ele e que o habilitou a ser um divino Instrutor de homens.

Durante apenas três anos ele levou uma vida de instrutor – uma vida bela em sua pureza, radiante de amor e compaixão, com todas as mais ternas qualidades do coração humano. Nós o vemos viajando pela Palestina, levantando os mortos (como eram chamados), curando os enfermos, abrindo os olhos dos cegos – milagres, os homens os chamavam. Mas não há nestas coisas nada de surpreendente para o ocultista, pois ele está familiarizado com tais ações, conhece os poderes por meio dos quais são realizadas. Pois jamais veio à terra um grande Instrutor, em quem os poderes do Espírito estivessem desenvolvidos, que não fosse um mestre sobre a natureza física, natureza sujeita a ele e obediente à sua vontade.

Esses assim chamados milagres foram realizados por meio do uso de certos poderes ocultos da natureza que produziam certos resultados externos. Milagres de cura, de restauração da visão aos cegos, e assim por diante eram realizados muito antes de o Cristo nascer, e têm sido repetidos por muitos desde então. Em tão pequena conta os tinha o próprio Cristo que quando falava sobre eles aos seus discípulos dizia: 'Obras maiores que estas realizareis, porque eu vou para o meu Pai'[175].

Ele declarou serem os milagres sinais de homens que tinham viva fé nele, que seriam capazes de pegar serpentes e beber veneno sem se ferirem[176]. Pertenciam a todos os iniciados que escolhessem exercer esse poder. A ausência deles (pelo menos em algumas seções da Igreja) mostra que perderam aquela fé viva, na qual seu próprio Mestre depôs esses poderes como símbolo e expressão exteriores.

Foi bela a vida de Jesus. Em seus ensinamentos vemos seu espírito, tão diferente daquilo que é frequentemente mostrado por aqueles que

---

[174] *Mateus*, 3. 16-17.
[175] *João*, 14. 12.
[176] *Marcos*, 16. 17, 18.

difundem seu nome. Esses ensinamentos estão perfeitamente de acordo com os preceitos dos grandes instrutores espirituais que o precederam.

'Bem-aventurados os puros de coração: pois eles verão Deus'[177]. Esta é a verdade oculta de que somente pela pureza os puros podem ser vistos; somente pelos purificados Deus pode ser conhecido. Vejamos como ele inculca o ensinamento de que o pensamento é mais importante que a ação, de que o pensamento é, na realidade, a ação efetuada de maneira prática. Ele disse: 'Quem quer que olhe para uma mulher com lascívia já terá cometido adultério com ela no seu coração'[178].

Ou peguemos o ensinamento tão familiar do magistério do *Manu*, de Zoroastro e do Buddha: 'Amai vossos inimigos, abençoai aqueles que vos amaldiçoam, fazei o bem àqueles que vos odeiam, e orai por aqueles que maliciosamente vos usam e perseguem. Que possais ser os filhos de vosso Pai que está no céu: pois Ele faz o sol nascer sobre o mau e sobre o bom, e envia a chuva sobre o justo e sobre o injusto'[179]. Vejamos a afirmação, que provavelmente poucos irão entender além dos ocultistas: 'A luz do corpo é o olho; portanto, se vosso olho for sincero, todo vosso corpo será cheio de luz. Mas se vosso olho for maléfico, todo vosso corpo será cheio de trevas. Assim, se a luz que está em vós for trevas, quão grande são essas trevas'[180].

Ouçamos sua proclamação daquela senda antiga, estreita – a senda que os hindus sabem ser fina como o fio da navalha: 'Estreito é o portal e apertado é o caminho que leva à vida, e poucos há que o encontram'[181]. Ouçamos suas palavras à multidão, emitindo aquela compaixão divina que é a marca registrada de todo aquele que provém da Grande Fraternidade. 'Vinde a mim, todos vós que trabalhais e estais sobrecarregados, eu vos darei repouso. Tomai meu jugo sobre vós e aprendei comigo, pois eu sou humilde e simples de coração, e encontrareis descanso para vossas almas. Pois fácil é o meu jugo, e leve é o meu fardo'[182]. Vemo-lo refreando os discípulos quando esses tentavam repelir as mães que lhe

---

[177] *Mateus*, 5. 8.
[178] Ibid., 28.
[179] Ibid., 5.44, 45.
[180] Ibid., 6. 22, 23.
[181] *Mateus*, 7. 14.
[182] Ibid., 11. 28-30.

traziam seus filhos para que ele os abençoasse: 'Deixai as criancinhas e não as proibi de vir até mim; pois tal é o Reino dos Céus'[183]. E certa vez pegou uma criancinha e a colocou no meio a seus discípulos, como exemplo de humildade e submissão.

Havia também o seu lado mais austero, que insistia (novamente seguindo o antigo ensinamento oculto) que o apego às coisas da terra é fatal ao progresso na vida do espírito. Quando um jovem pergunta como a vida eterna pode ser conquistada, sua primeira resposta é exotérica: 'Cumpre os mandamentos'. 'Todas essas coisas', responde o jovem, 'eu tenho observado desde minha juventude; o que falta ainda?' Então vem a exigência mais austera: 'Se quiseres ser perfeito, vai e vende tudo que possuis, e dá aos pobres, e terás um tesouro nos céus; então vem e segue-me'. O jovem 'foi-se embora pesaroso, pois tinha muitas propriedades'. E então o instrutor oculto enfatiza o ensinamento a seus discípulos: 'Dificilmente entrará um rico no Reino dos Céus. (...) É mais fácil um camelo passar pelo furo de uma agulha, do que um homem rico entrar no Reino de Deus'[184].

Desta maneira Jesus ensinou a mesma moralidade antiga, o ensinamento familiar dos fundadores de todas as religiões.

Notamos outra semelhança aos seus predecessores no ensinamento das parábolas às multidões, cada uma contendo alguma joia de verdade espiritual.

Talvez aquela que mais tocou o coração da cristandade, e à qual os homens desde então respondem mais prontamente por causa de sua beleza e ternura, é a da ovelha perdida na selva em busca da qual o pastor sai diligentemente. 'E quando a encontrou, ele a colocou sobre os ombros com alegria. E quando chega em casa, reúne seus amigos e vizinhos dizendo-lhes: "Alegrai-vos comigo, pois encontrei a ovelha que se tinha perdido. Eu vos digo que alegria semelhante só existirá no céu com relação ao pecador que se arrepende, mais do que com relação a noventa e nove pessoas justas, que não precisam de arrependimento"'[185].

Esta parábola lhe deu um título que é o nome favorito para o Cristo

---

[183] Ibid., 19. 14.
[184] *Mateus,* 10. 16-24.
[185] Lucas, 25. 3-7.

em toda a cristandade, e podemos vê-lo representado em gravuras nas janelas pintadas de igrejas e catedrais como o Bom Pastor com a ovelha perdida sobre os ombros.

Sua doutrina do Reino de Deus tem sido muito pervertida, porém era bem compreendida na Igreja primitiva. É um reino para o qual os homens são convidados e no qual os estágios estão claramente marcados. Os homens devem ser puros antes que lhes seja permitido entrar; devem ter fé; devem juntar o conhecimento à fé; de outro modo, não conseguem alcançar os graus mais elevados – a sabedoria deve seguir o conhecimento se quiserem alcançar a perfeição. A todos, tal imortalidade é prometida – a conquista da morte, quando os homens não mais deixam o Templo de Deus, pois agora são mestres dos mistérios do Reino dos céus.

Assim Jesus passou três breves anos a ensinar, a curar, a auxiliar todos aqueles que necessitavam. O resumo de sua vida foi dado por São Pedro: 'Ele andava por aí fazendo o bem'[186]. Sua vida foi curta porque as pessoas a quem ele se dirigia eram duras, fanáticas, ásperas e intolerantes. Só poderia haver um resultado: eles invocaram sua própria lei severa de blasfêmia e o assassinaram por ódio e malícia.

Às vezes os homens perguntam por que os Mestres permanecem escondidos, por que se recusam a se mostrar nos lugares onde habitam os homens. A resposta é que, até que os homens reaprendam a antiga veneração que transformou o mensageiro dos deuses numa pessoa sagrada e o rodeiem de amor e reverência, os Mestres de Sabedoria não aparecem para estimular as iradas paixões dos homens. O Cristo foi o último desses grandes mensageiros enviados ao mundo, e aqueles para quem ele veio o mataram ao se haver passado três anos de vida pública. Eles o odiavam devido a uma pureza que lhes parecia um insulto oferecido à sua própria impureza e devido a uma grandeza que era uma censura à sua insignificância.

Por meio do ensinamento esotérico, o evangelho de amor e compaixão espalhou-se rapidamente entre os pobres, mais lentamente entre as pessoas educadas; e vemos ainda um grande esforço feito pela Fraternidade durante os três primeiros séculos após a morte do Cristo.

Houve luta entre o saber e a ignorância, entre o conhecimento e a

---

[186]Atos, 10. 38.

superstição. Essa luta recrudesceu, tendo seu centro principal em Alexandria; seus combatentes, os gnósticos de um lado e o grande número de cristãos do outro. À medida que se segue a história, encontram-se esses grandes instrutores gnósticos esforçando-se por introduzir a sabedoria do Oriente com nomes mais modernos nesta última das religiões. Valentino escreveu seu apocalipse de sabedoria, o *Pistis Sophia*, o maior tesouro do ocultismo cristão antigo, divulgado ao mundo de língua inglesa pela tradução de G. R. S. Mead, quando Secretário da Sessão Europeia da Sociedade Teosófica.

Mead escreve na introdução: 'Consideremos então o movimento por volta do ano 150 de nossa era. Naquela época, as *Logia* originais ou o *Urevangelium* do Cristianismo tinham desaparecido, e os *Evangelhos Sinóticos* estavam todos estabelecidos na estrutura da vida tradicional do grande Mestre da Fé. A enorme onda popular da nova religião viera exclusivamente do oceano da tradição judaica, e estava engolfando uma visão mais universal do Cristianismo na mesma torrente de intolerância e exclusividade que tinha caracterizado a nação hebraica ao longo de toda sua história prévia. Esse fenômeno espantoso estava agora atraindo a atenção de mentes que eram não apenas hábeis na filosofia das escolas, mas que estavam também imbuídas do espírito eclético de uma Teosofia universal e de um conhecimento das doutrinas internas das antigas religiões. Tais homens pensavam ver no Evangelho cristão uma similaridade de doutrina e um universalismo que eram consanguíneos com esses ensinamentos internos das crenças antigas; e se puseram a trabalhar, esforçando-se para refrear as tendências exclusivistas e estreitantes que viam desenvolver-se tão rapidamente entre os menos instruídos, que tornavam a crença superior ao conhecimento, até o ponto de condenar abertamente todas as outras formas de religião e de fazer mofa de toda filosofia e educação'[187].

A luta foi liderada por homens sábios e profundamente eruditos, mas terminou na vitória da multidão ignara e na expulsão dos gnósticos mais eruditos e mais filosóficos da Igreja, que foram desde então banidos como hereges.

A Igreja emergiu desta luta como religião verdadeira o bastante para

[187] *Pistis Sophia*, p.23.

treinar e elevar o coração, mas não o suficiente para justificar ao intelecto a sabedoria das idades. Ela trouxe das lutas sua devoção ao Cristo pessoal, o Deus-homem que foi objeto de adoração apaixonada e fervorosa. Naquela revelação do Divino, havia tudo que foi desejado para o coração, mas não havia o suficiente para a estimulação do intelecto, para o treinamento da mente filosófica.

O resultado foi que a Idade das Trevas [Idade Média] – como é corretamente chamada na história – desceu sobre a Europa, e o ensinamento esotérico da Igreja primitiva desapareceu. Os evangelhos foram quase esquecidos, exceto nos mosteiros, onde ainda eram estudados e vez ou outra davam ao mundo doutores e metafísicos. Vemos como as doutrinas foram distorcidas durante esta época de trevas, e como algumas delas se tornaram revoltantes tanto para a razão quanto para a consciência na forma em que eram apresentadas.

Chegamos à época da Reforma, quando as terríveis visões de Calvino e as visões um pouco mais liberais de Lutero dominaram o partido reformista. A partir deles, desenvolveu-se o Protestantismo moderno, em sua forma menos grosseira na Igreja da Inglaterra, sempre grandemente influenciada pela doutrina Católica Romana.

Hoje, dentro da Igreja, uma escola mais nobre está crescendo, mais liberal no seu modo de pensar, mais caridosa em suas visões no que diz respeito aos outros. E podemos esperar que essa escola vá redimir o Cristianismo e lhe dar o seu justo lugar entre as religiões do mundo.

Devemos passar agora às doutrinas do Cristianismo e observá-las tão plenamente quanto possível. A Trindade – sobre a qual curiosamente pouco se diz na *Bíblia*. No *Velho Testamento* não há absolutamente nada, embora os judeus possuíssem a doutrina no seu ensinamento secreto, a Cabala. No *Novo Testamento* pouco se diz, e a afirmativa mais precisa é questionada por alguns dos revisores da *Bíblia*. Esta afirmativa é muito definida: 'Há três que ostentam registro no Céu – o Pai, a Palavra e o Espírito Santo; e esses três são Um'[188]. Os revisores consideravam isso como um comentário dos monges introduzido no livro posteriormente na história da Igreja Cristã, e o omitiram. Esse é o único

[188] *João*, 5. 7, versão antiga.

texto no qual a doutrina pode confiar completamente. Existe uma frase no final do Evangelho de São Mateus referente ao batismo – 'em nome do Pai, e do Filho, e do Espírito Santo' – mas, também isso tem sido questionado pelos críticos, embora não rejeitado pelos revisores.

Houve muita discussão na Igreja primitiva a respeito da doutrina, que foi posteriormente complicada pela deificação de Jesus como a Segunda Pessoa, mas no final das contas ela emergiu da luta sob uma forma reconhecível como a doutrina antiga. O Pai é existência, a fonte de toda vida. O Filho é gerado por Ele, emanado d'Ele, dual em natureza – Deus e homem com aquela marca de dualidade que é sempre a marca do Segundo *Logos* ou a Segunda Pessoa da Trindade, por meio do qual os mundos foram feitos e sem o qual nada pode ser feito no universo manifestado. Mais indefinidamente, a Terceira Pessoa é o Espírito Santo, a Mente Universal ou a Sabedoria.

Havia aqueles que contestavam a doutrina da Trindade; outros a sustentavam. E, finalmente, a doutrina antiga emergiu triunfante e se tornou a doutrina ortodoxa da Igreja.

Ela foi então proclamada de maneira autoritária no 'Credo de Atanásio'; e apesar de algumas de suas cláusulas serem censuráveis, esse credo oferece uma das melhores exposições da metafísica da doutrina a ser encontrada no Cristianismo.

Diz-se que a Divina Substância é una. Os crentes são advertidos de que não devem confundir as Pessoas da Trindade nem devem dividir a Substância – a unidade que subjaz aos Três, a unidade da qual os Três são manifestações. Um teólogo católico romano assinala que a palavra Pessoa vem de *persona*, 'uma máscara', implicando isso que por detrás da máscara existe a Realidade não revelada, o oculto Deus desconhecido. Existe uma sugestão desse Desconhecido num versículo em Jó: 'Podes, buscando, encontrar Deus?'[189] Várias vezes nesse livro há a sugestão do Incognoscível, o Deus, não revelado em sua natureza e em sua essência.

Então, a partir da Trindade, temos os sete Espíritos perante o trono de Deus[190]. São os sete grandes deuses dos elementos, conhecidos no

---

[189] *Jó*, 11.7.

[190] *Revelação*, 4. 5.

Hinduísmo até onde diz respeito a cinco deles – os cinco deuses dos cinco elementos manifestados. Existem, como deuses inferiores, os Arcanjos e os Anjos, depois aqueles a quem São Paulo chama de anjos, principados e poderes[191]. Desses, existem nove ordens: Serafins, Querubins, Tronos, Dominações,Virtudes, Poderes, Principados, Arcanjos e Anjos. Muito interessante com relação a isso é a afirmativa de Santo Inácio, um bispo da Igreja Apostólica, de que ainda não era 'capaz de entender as coisas celestes, tais como os locais dos anjos e suas várias companhias sob seus respectivos príncipes'[192]. Na Igreja Católica Romana existe, de modo bastante correto, a adoração aos Anjos, isto é, aos deuses inferiores que cuidam muito de perto do homem e de todas as manifestações da natureza.

Voltando-nos a seguir à importante questão da natureza do homem e de sua relação com Deus, consideremo-la como tendo sido ensinada nas próprias escrituras, embora infelizmente nem sempre sejam encontradas nos ensinamentos da Igreja moderna.

São Paulo descreve o homem como tríplice em sua natureza – espírito, alma e corpo[193]. A distinção feita entre espírito e alma já deixou por completo o ensinamento popular, no qual espírito e alma são idênticos, tornando confusa a totalidade da evolução do homem.

O espírito é divino – 'Não sabeis', disse São Paulo, 'que sois o templo de Deus e que o espírito de Deus habita em vós?'[194] Exatamente os mesmos tipos de palavras são usados aqui como na literatura hindu, onde se fala do corpo humano como *Vishnapura* ou *Brahmapura* – a cidade ou a metrópole de *Vishnu* ou de Brahmā. Aqui, São Paulo, ele próprio um Iniciado, fala do corpo humano como o templo de Deus, do espírito de Deus habitando em seu interior.

E então encontramos os judeus investindo violentamente contra Jesus porque ele alegava ser o Filho de Deus. Sua defesa é memorável; ele não diz, como poderia o moderno cristão dizer por ele: 'Sim, sou o Filho de Deus, como nenhum outro homem pode ser'. Pelo contrário,

---

[191] *Romanos*, 8. 38.
[192] *Trallians*, 5.
[193] *I Tessalonianos*, 5. 23.
[194] *Coríntios*, 3.16.

ele fundamenta sua alegação de ser Filho do Divino sobre a divindade que é inerente à própria natureza do homem. Ouçamos suas palavras, e veremos o quão claras, quão definidas elas são.

Ele remete os judeus às suas próprias escrituras. 'Não está escrito em vossa lei, disse eu, que sois deuses? Se ele os chamou de deuses, àqueles que receberam a palavra de Deus, e a escritura não pode ser violada; dizeis daquele, que foi santificado pelo Pai e enviado ao mundo, ''Tu blasfemas'', porque eu disse ''Eu sou Filho de Deus''?'[195] Esta é a própria defesa que o Cristo faz do fato de ser o Filho: 'Todos os homens são deuses de acordo com as escrituras, e as escrituras não podem ser violadas; portanto, não há blasfêmia na minha alegação quando também eu me chamo de Filho de Deus'.

Depois, peguemos aquela bela oração por sua igreja antes de seguir para a crucificação. Ele fala de sua unidade com o Pai e ora, dizendo que 'todos podem ser um; como tu, Pai, estás em mim e eu em ti, que possam eles também ser unos conosco. (...) Eu estou neles e tu em mim, que eles possam tornar-se perfeitos no um'[196]. Aí está a declaração da unidade do homem com Deus. Aí está a proclamação da natureza divina do homem e de sua junção com o Pai, de quem por enquanto parece estar separado, quando habitando no corpo de carne.

Se levarmos o ensinamento adiante, como o encontramos nos escritos de São Paulo, isso se torna mais claro à medida que continuamos; pois o encontramos usando o termo 'Cristo' como um nome místico para o princípio alma se desenvolvendo no homem, o filho do Pai (espírito): 'Minhas criancinhas, por quem já sinto novamente as dores do parto até que o Cristo esteja formado em vós'[197].

O Cristo não é apenas o homem externo para seus seguidores. Ele tem de ser formado como um bebê no interior do ventre no coração de cada um de seus discípulos. Esse Cristo deve crescer para desenvolver dentro de si o discípulo, até que finalmente o homem atinja 'a medida da estatura da plenitude do Cristo'[198]. Os homens devem tornar-se deuses manifestados na carne.

---

[195] *João*, 10. 34-6.
[196] *João*, 17. 21, 23.
[197] *Gálatas*, 4. 19.
[198] *Efésios*, 4. 13.

Esse é o ensinamento do Cristianismo apostólico, tão tristemente mutilado pelos modernos escritores em sua apresentação. E ensina-se que todas as coisas devem finalmente fundir-se em Deus: 'Então chega o fim, quando ele tiver se entregue ao Reino de Deus, até mesmo ao Pai. (...) O último inimigo a ser destruído é a morte. (...) Quando todas as coisas estiverem subjugadas a ele, então o próprio Filho estará também sujeito a ele, que põe todas as coisas sob seu domínio para que Deus possa ser tudo em tudo'[199]. Esse é o velho ensinamento surgindo mais uma vez – 'Deus tudo em tudo' – como o último estágio do universo, o Filho, o Cristo, reunindo tudo em si como *Ishvara*, e fundindo-se em Brahman, quando Deus é tudo em tudo.

A seguir, voltemo-nos para a reencarnação. O versículo recém citado, de que 'o último inimigo a ser destruído é a morte', dá em si mesmo uma sugestão quanto ao ensinamento da Igreja primitiva, pois se diz que a morte não será destruída até 'o fim'. Assim também nas palavras há uma insinuação: 'Aquele que vencer torna-lo-ei um pilar no templo de meu Deus, e ele não mais sairá'[200], sendo a 'saída' seguir para o renascimento e o exílio dos locais celestes.

Mas há três casos que marcam a doutrina mais fortemente no que diz respeito ao Cristo. Devemos lembrar que a crença na reencarnação era comum entre os judeus de sua época, de modo que as referências a ela seriam inteligíveis a todos aqueles à sua volta. Mas esse fato não é suficiente para mostrar que ele aceitava a doutrina. Assim, tomemos suas palavras quando alguns discípulos vieram de João Batista e lhe perguntaram se ele era o Cristo. Depois de lhes responder, Jesus falou da figura do grande pregador e declarou: 'Se vós aceitardes, esse é Elias, que deveria vir'[201] – uma declaração bem clara de que o profeta judeu tinha reencarnado como João Batista. Mais uma vez, quando seus discípulos perguntaram por que se dizia que Elias viria antes do Messias, sua resposta foi: ' Em verdade Elias primeiramente virá, e irá restaurar todas as coisas. Mas eu vos digo que Elias já veio, e eles não o conheceram. (...)

[199]*I Coríntios*, 15. 24-8.
[200]*Revelação*, 3. 12.
[201]*Mateus*, 11. 14.

Então os discípulos entenderam que ele lhes falava de João Batista'[202].

Novamente, seus discípulos lhe perguntaram a respeito de um homem cego: 'Quem pecou, esse homem ou seus pais, para que pudesse nascer cego?' Ora, o cristão moderno responderia: 'Como poderia um homem ter cometido pecado antes de nascer, para merecer esta punição?' Mas Jesus não deu uma resposta ignorante assim. Sua resposta foi: 'Nem esse homem pecou, nem seus pais, mas isso é para que as obras de Deus possam ser manifestadas nele'[203].

Ele aceitava a pré-existência da alma e a possibilidade do pecado cometido antes do nascimento atual, mas deu outra razão para a cegueira.

Voltando aos Padres, descobrimos que Tertuliano fala muito claramente na sua *Apology*: 'Se um cristão promete o retorno de um homem a partir de um homem, e o muito real Gaius de Gaius, as pessoas gritarão para que ele seja apedrejado; elas nem sequer dar-se-ão o trabalho de ouvi-lo. Se houver qualquer fundamento para que a alma humana mova-se daqui para ali para o interior de diferentes corpos [de animais], por que não podem elas retornar à mesma substância que deixaram, demonstrando o que é mais digno de crença, que o homem irá retornar de um homem, qualquer pessoa de alguma pessoa, retendo ainda sua humanidade; quanto à alma, com suas qualidades intocadas, pode ser restaurada à mesma condição, embora não à mesma estrutura. (...) Vós perguntais, estaremos sempre morrendo e nascendo da morte? Se o Senhor de todas as coisas assim determinou, tereis que vos submeter. (...) [Mas o milênio chega como limite e] Depois disso, não há nem morte nem ressurreições repetidas'.

Orígenes acreditava na preexistência da alma e no fato de que ela nascia num corpo consoante suas ações prévias. Ele diz: 'Não estará mais em conformidade com a razão que cada alma, por certas misteriosas razões (falo agora de acordo com as opiniões de Pitágoras, Platão e Empédocles, a quem Celso frequentemente nomeia), seja introduzida num corpo, e introduzida de acordo com seu mérito e ações anteriores?'[204]

Muitas passagens poderiam ser citadas para mostrar a crença na pré-

---

[202] Ibid., 17. 10-13.
[203] *João*, 9. 2, 3.
[204] *Contra Celso*, 1.

existência da alma e de sua 'descida' para obter nascimento na terra; e não há dúvida de que esta crença era amplamente difundida na Igreja primitiva, pois num Concílio geral que ocorreu depois de iniciado o reinado das trevas, ela foi formalmente condenada como heresia.

Esta decisão, mais do que qualquer outra coisa, separou o Cristianismo das outras religiões do mundo e levou às mais desastrosas consequências. Pois por causa da doutrina da reencarnação, foi-se a doutrina do *karma*; as duas dependendo uma da outra, quando reencarnação foi desconsiderada *karma* também o foi. Foi ensinado claramente nas antigas epístolas: 'Mas não se iluda; Deus não se deixa enganar; pois o que quer que o homem semeie isso também ele colherá'[205]. Mas agora, estas palavras tornaram-se ininteligíveis, e todo tipo de esquema teve de ser inventado – esquema de expiação vicária e outras coisas mais – para livrar os homens das consequências de seus próprios atos. Mas ainda assim as palavras das escrituras se mantêm: 'Não se iluda, Deus não se deixa enganar; pois o que quer que o homem semeie, isso também ele colherá'.

Uma doutrina nobre, a doutrina da lei de sacrifício, subjaz à ideia da expiação vicária, mas tem sido travestida de maneira tal que leva à blasfêmia. A lei de sacrifício, que produz a união do homem com Deus, a lei pela qual os mundos foram feitos e por meio da qual são sustentados, é anunciada no Cristianismo primitivo pelo perfeito sacrifício do Cristo à vontade de Deus. Mas ela surge no Cristianismo medieval em esquemas que põem o Pai e o Filho em oposição, por assim dizer, que chocam todo senso de reverência, afrontando nossa razão ao trazer todo tipo de sofismas legais para o relacionamento entre o Espírito de Deus e o homem.

Com a perda da reencarnação surgiu outra doutrina, na qual o Cristianismo é único – a doutrina de um inferno eterno. Céu e inferno, igualmente eternos, é o resultado de uma curta vida aqui. Um homem nascido no mundo com seu caráter já marcado sobre ele, com tendências viciosas ou virtuosas, como poderia ser o caso, trazidas com ele do ventre e impressas sobre ele no berço, esse homem, vivendo vinte, quarenta, sessenta, cem anos, deveria fixar a totalidade do seu destino eterno e ir para o céu ou para o inferno para todo o sempre. Para mostrar a maneira terrível como essa doutrina funcionava nas mentes dos

---

[205] *Gálatas*, 6. 7.

homens, citarei apenas um verso – um verso escrito por um dos homens mais gentis, mais nobres, mais puros do Cristianismo moderno, John Keble, o autor de *The Christian Year*. Ele se sentira tão desmoralizado por essa doutrina de um inferno eterno, pela ideia de que céu e inferno devem elevar-se ou cair juntos, que deu voz a um sentimento que nos parece chocante no seu egoísmo e imoralidade: ele implorou pela doutrina da tortura eterna porque, sem ela, a ideia de um céu eterno perderia um de seus suportes. Se alguns homens não forem torturados para sempre, não haverá certeza de que os que se salvarem desfrutarão de um céu eterno. Diz ele – cito de memória, mas dou a essência corretamente:

> Mas onde então permanecem os corações contritos?
> De há muito confiavam na Tua palavra eterna;
> Mas com o medo do pecador a esperança desses corações se vai,
> Firmemente unidos como a Ti está unido o Teu grande nome, ó Senhor,
> Que deveríamos ser eternos, na alegria e na dor:
> Mas se os tesouros de Tua ira pudessem ser dispersos,
> Teus amantes deveriam anteceder o céu que lhes foi prometido.

Não iria qualquer homem, com o espírito do Cristo em si, preferir a aniquilação para si próprio a comprar sua imortalidade com a miséria de incontáveis milhões de seres?

Felizmente, esta é uma doutrina quase do passado. O cônego Farrar, pregando do púlpito da Abadia de Westminster, proclamou a doutrina da 'esperança eterna' em oposição à doutrina do inferno eterno; e somente as mentes estreitas e incultas, que por falta de faculdade imaginativa são incapazes de compreender os horrores do inferno, continuam a ensiná-la e a torná-la parte do Cristianismo.

Devo passar rapidamente à questão de se a ciência da alma é ensinada no Cristianismo. Ela não é ensinada na Igreja Protestante. Não posso falar a respeito da Igreja Ortodoxa, pois não tenho conhecimento imediato da mesma. Por isso devo limitar-me à afirmação de que, na Igreja Católica Romana, o Ocultismo tem sido até certo ponto preservado, e que lá algum conhecimento oculto e alguns poderes ocultos ainda podem ser encontrados.

Por exemplo, entre os monges e freiras das ordens contemplativas existe um sistema de meditação que leva a pessoa, passo a passo, do primeiro esforço de imaginação à passagem da consciência para a cena que é contemplada. Aqui está deveras um remanescente da ciência da alma, baseado no conhecimento dos fatos.

Existem outras práticas ocultas na Igreja Católica Romana: o uso de imagens (ou ídolos, como os protestantes as chamam); o uso de água sagrada; de uma linguagem antiga, na qual as orações eram feitas por homens cultos; a utilidade da oração dependente, em grande parte, do som que é produzido. Nessas coisas aparecem traços de um antigo ensinamento baseado na compreensão do mundo invisível. Lá está também o uso de relíquias e de orações para os mortos – todos, sinais do conhecimento oculto, embora fragmentários e incompletos. E com que resultado? Eles têm produzido místicos, santos, realizadores de 'milagres' até o ponto em que as outras seções da Igreja não conseguem se aproximar. Encontram-se místicos católicos romanos que falam da união com Deus e dos métodos nas linhas correspondentes ao Hinduísmo, por meio das quais essa união pode ser produzida.

A *Imitação de Cristo*, de Thomas à Kempis, é um dos livros mais maravilhosos já produzidos por um cristão, um livro que os homens de todas as crenças deveriam ler em benefício próprio. São Tomás dá instruções sobre o que o homem deve fazer se quiser encontrar o Cristo, e o ensinamento é frequentemente colocado na boca do próprio Cristo. Peguemos o ensinamento sobre o Eu: 'Se o homem quiser encontrar Deus', tendo deixado todas as outras coisas, 'ele deve aprender que deve deixar também a si próprio e sair de si totalmente, e nada reter de amor-próprio'[206]. O homem deve 'renunciar a si próprio completamente'[207]: 'Filho, deixe a ti próprio, e me encontrarás'. '(...) Senhor, quantas vezes terei de renunciar a mim mesmo, e em que coisa eu devo me deixar?'; 'Sempre e todas as vezes, tanto no pequeno como também no grande, não faço exceção, mas quero que sejas encontrado em todas as coisas despido de ti mesmo. De outro modo, como podes ser meu e eu teu, a

[206] Op. Cit., 2. 11.
[207] Ibid., 3. 31.

não ser que estejas, tanto dentro quanto fora, livre de toda obstinação? (...) Almeja somente isso, ora por isso, deseja isso, que possas renunciar a todo interesse egoísta; e assim, despido, segue o teu Jesus desnudado'[208]. ' O verdadeiro progresso do homem consiste em negar a si próprio; e o homem que renunciou a si próprio está em liberdade e bastante seguro'[209].

Um vedantino poderia ter escrito: 'O que quer que não seja Deus não é *nada*, e deve ser considerado como *nada*'[210]. O homem não deve ser abalado pelas emoções, pois o deleite na devoção não é sinal de progresso. Em verdade, o progresso é visto 'ao te ofereceres com todo o teu coração à vontade de Deus (...), de modo que com o mesmo e igual fervor continues agradecendo, tanto na prosperidade quanto na adversidade, pesando todas as coisas na mesma balança'[211].

Existe também uma sabedoria vigorosa, que faz lembrar a objetividade do Buddha: 'Onde encontraremos um homem que esteja desejoso de servir a Deus de graça?'[212] 'Aquilo que o homem não consegue corrigir em si mesmo e nos outros, ele deve suportar com paciência, (...) esforçar-se para ser paciente e aturar os defeitos e as enfermidades dos outros, qualquer que seja o tipo; porque, além disso, também tu tendes muitas coisas que os outros devem suportar. Se não consegues transformar-te como gostarias, como podes esperar que os outros sejam conforme desejas?'[213]

Meu apelo aos cristãos, tanto quanto aos homens de outras religiões, é pela unidade, pela quebra das divisões; por que não podem assumir uma plataforma comum com todo o restante das grandes religiões do mundo? Por que não deve esta jovem religião, com apenas dezenove séculos de vida atrás de si, juntar-se ao Budismo com os seus dois mil e quinhentos anos de existência; ao Zoroastrismo e ao Hinduísmo, com seus dez mil e vinte mil anos recuando no passado? Não conseguem ver como blasfemam Deus quando declaram que ele se confina a uma religião apenas entre todas as outras, a ela que é quase a mais jovem de

[208] Ibid., 37.
[209] Ibid., 39.
[210] Ibid., 31.
[211] Ibid., 26.
[212] Ibid., 2. 11.
[213] Ibid., 1. 16.

todas? Não conseguem ver como ultrajam o Supremo quando afirmam uma posição única para si próprios, empurrando todos seus demais filhos para as trevas, não reconhecidos pelo Pai de todos os espíritos?

Se a unidade entre todas as religiões pudesse ser conseguida, todo proselitismo cessaria; nenhum homem iria tentar converter outro à sua própria fé. Em vez disso, tentaria aprender o que aquele outro poderia ter para lhe ensinar. Pois todos podemos aprender uns com os outros – o hindu com o cristão, e o cristão com o hindu; o zoroastriano com o budista, e o budista com o zoroastriano. Cada religião é apenas um raio colorido da luz de Deus; e na união de todas as religiões, a verdadeira luz branca será vista. Enquanto nos mantemos separados, somos coloridos por um raio particular. Estudemos todas as religiões e amemos todas elas, e então nos aproximaremos do Manancial no qual todos temos nossa origem e nosso fim.

Todas essas religiões provêm de uma única fonte. Seus seguidores devem viver como irmãos, e não como inimigos. O ódio é ruim, não importa a religião em que possa ser encontrado.

Que cada homem ensine sua própria crença àqueles que desejem abraçá-la; que todo homem seja livre para falar de suas visões de Deus a todos aqueles que estejam desejosos de ouvi-lo. Somos apenas facetas do Eterno; nossos pobres intelectos são estreitos canais através dos quais jorram a vida e o amor de Deus. Sejamos canais em nossas próprias pessoas, mas não neguemos aos outros o direito de serem canais tal como somos; e que a vida e o amor divinos fluam através deles tanto quanto através de nós. Então virá a paz, na qual não haverá divisões; então virá a unidade, que é maior do que a identidade separada.

Quando seus filhos viverem em amor, então eles poderão ter a esperança de conhecer algo do amor de Deus, pois como verdadeiramente falou um instrutor cristão: 'Aquele que não ama seu irmão a quem ele vê, como pode amar a Deus a quem ele não vê?'[214]

---

[214] João, 4. 20.

ISLAMISMO

SIGNIFICADO DO SÍMBOLO

LUA CRESCENTE COM ESTRELA: Símbolo tradicional do Islã e que aparece em muitas bandeiras de países islâmicos. O próprio Corão emprega um simbolismo lunar. As fases da Lua e o crescente evocam a morte e a ressureição. Para Jalal-ud Din Rumi (grande mestre Sufi), falecido em 1273, o Profeta (Mohamed) reflete Deus como a Lua reflete a luz do Sol. No Islã são usados dois calendários, um solar, para questões de agricultura, e o lunar, que é regulador dos atos canônicos, como, por exemplo, determinar o início do mês do Ramadã, o jejum ritual.

Entre os fatores que contribuem para a construção de uma nação, a religião é o mais importante; é a fundação e o ponto mais elevado da vida nacional. À primeira vista, é vantagem para uma nação ter apenas uma crença, uma adoração, pensar ao longo das mesmas linhas religiosas. Porém, maior ainda seria a nação na qual as crenças fossem muitas e onde o Deus uno fosse adorado sob diferentes nomes e sob diferentes formas. Numa nação assim, seus cidadãos encontrariam uma unidade mais profunda nas suas muitas crenças; e nas suas variações, uma religião verdadeira. Se tal pudesse acontecer – como jamais aconteceu na longa história do mundo –, então verdadeiramente a religião teria alcançado o seu mais nobre triunfo; na harmonia de múltiplas cordas de várias crenças fundidas num todo melodioso, a Sabedoria Divina teria obtido seu triunfo mais poderoso; e a fraternidade dos homens, o seu modelo maior e mais nobre. Tal possibilidade jaz perante a Índia. Outras nações possuem suas crenças nacionais; mas na Índia é que a maioria das crenças do mundo foi plantada; e aqui, portanto, elas podem encontrar sua unidade e consumação.

Pode ser nesta Terra que os deuses abençoaram que atingiremos a unidade religiosa; pode ser que aqui uma nação seja construída a partir de muitas crenças. Se o muçulmano puder amar o hindu, o cristão puder dar a mão aos *parses*, e se o jainista, o budista e o *sique* puderem amar uns aos outros como irmãos, e não odiar uns aos outros como rivais; então saudaremos o triunfo da religião, e então o nome de Deus irá tornar-se um nome de paz.

Há quatro coisas para se estudar numa religião:

> Seu fundador, cuja vida e caráter estarão nela impressos;
> A religião exotérica, para as massas;
> Sua filosofia, necessária para o erudito e o culto;
> Seu misticismo, expressando o anelo universal do Espírito humano pela união com a sua fonte.

Assim, estudemos o Islamismo.

Durante o século VI da era cristã encontramos na Arábia, na Síria – a terra onde o Cristo pisou – guerras religiosas por toda parte, guerras que destroem lares e dividem povos; disputas brutais e sangrentas; feudos sangrentos que duram de geração a geração; ódio que separa o homem do homem e o clã do clã. Na Arábia, há uma idolatria feroz e cruel que oferece seres humanos em sacrifício a ídolos; onde os adoradores festejam sobre os corpos dos mortos; onde a luxúria tomou o lugar do amor humano e a licenciosidade, o lugar da vida familiar; onde guerras amargas e sangrentas irrompem à menor provocação; onde irmão mata irmão e vizinho mata vizinho, e a vida é quase sórdida demais para ser posta em palavras.

Nesse agitado inferno de paixão, crime, luxúria e crueldade humanos, nasce uma criança. Ela 'abre os olhos inocentes à luz' no dia 29 de agosto, de 570 d.C., em Meca, no clã Quraish. Poucas semanas antes do seu nascimento, seu pai tinha morrido em plena exuberância de sua vida adulta, entregue pelo próprio pai como sacrifício humano. A mãe, viúva há poucas semanas, dá à luz a criança; e quando se passam alguns poucos anos, segue ela seu marido à sepultura.

O menino cresce na casa do seu avô, uma criança quieta, silenciosa, adorável, gentil, paciente, amada por todos. Alguns anos depois, morre o avô. Um tio, Abu Talib, o mais nobre entre os parentes, leva-o para sua casa; e lá ele cresce até se tornar um jovem homem. Depois, ele segue viagem a negócio, comerciando pela Síria, observando com olhos aguçados as cenas que se passam à sua volta.

Vinte e quatro anos se passaram. Ele comerciou como representante de uma parenta, Khadija, muito mais velha do que ele. Ela o considera de tão grande confiança, tão frugal, tão digno, que se tornam marido e mulher – Maomé, não ainda o Profeta; Khadija, não ainda a primeira discípula. Ele, um homem jovem, e ela, uma mulher velha; mas vivem tão felizes juntos que a união permanece como um dos casamentos ideais do mundo, até que ela o deixa viúvo com a idade de cinquenta anos, após vinte e seis anos de uma abençoada vida de casados.

Após o casamento, passam-se quinze anos de uma sossegada vida externa e de terrível luta interna. Ao caminhar pelas ruas de Meca, as crianças correm atrás dele e se penduram em suas pernas. Ele sempre tem um carinho para os pequeninos; jamais se soube que tivesse quebrado a palavra; o seu conselho gentil está sempre a serviço dos pobres e dos aflitos. Al-Amin, 'o digno de confiança', é o nome que seus vizinhos lhe dão – o homem digno de ser confiado, certamente o mais nobre título que um homem pode obter.

Mas enquanto a vida externa é gentil e útil, há tempestades de angústia em seu interior. Estas finalmente levam o futuro Profeta para o deserto, para lutar com sua alma na batalha que somente os homens inspirados por Deus podem conhecer. Ele vive solitário numa caverna no deserto, em meditação e oração.

A mensagem que ele ouve é: 'Em nome do teu Senhor, clama'. Quem é aquele a quem deve clamar? O que deve clamar? Lacerado pelas dúvidas, questionando seu próprio poder, ele, analfabeto, sem treinamento, como pode confiar na voz interior que o chama? Talvez seja seu próprio orgulho, sua própria presunção, seu próprio anelo por poder que o chamam, e não a voz do Supremo que ordena aos seus profetas comunicar sua palavra.

E assim se passam os anos – anos de luta que poucos podem medir; e então, numa noite das noites, enquanto jaz sobre o chão em agonia, uma luz oriunda do céu brilha à sua volta e uma forma gloriosa se posta perante ele: 'Levanta-te, tu és o Profeta de Deus; segue adiante e clama em nome do teu Senhor'. 'O que irei clamar?' 'Clama', diz o Anjo. E então lhe ensina como os mundos foram construídos e como o homem foi criado. Ele lhe ensina sobre a unidade de Deus e os mistérios dos anjos. Fala das obras que jazem perante ele. Ele, o mais solitário dos homens, deve ir e clamar em nome do seu Senhor.

Ele corre para casa e cai ao chão. 'O que farei?' 'Quem sou eu? ' 'O que eu sou?', pergunta ele a Khadija: 'Tu és verdadeiro e confiável', diz a voz tranquila. 'Tua palavra jamais é quebrada, os homens conhecem teu caráter. Deus não ilude o fiel; segue a voz e obedece ao chamado'.

E a voz de sua esposa, a primeira discípula, dá o toque de coragem ao coração humano que fraqueja ante a grandeza da missão; e ele se levanta, agora não mais simplesmente Maomé, mas o Profeta das Arábias, o homem que irá transformar a Arábia num estado consumado, poderoso. Seus seguidores irão carregar a tocha da ciência e reacendê-la na Europa, onde ela morrera há muito tempo, e fundarão impérios poderosos e serão movidos por uma devoção ao Fundador não ultrapassada por nenhuma outra fé.

Entre os muitos credos da humanidade, não existe nenhum que seja mais seriamente acreditado, mais apaixonadamente seguido do que aquele comunicado pela boca do Profeta árabe; e se a prova de crença estiver na conduta, então observemos seus seguidores e veremos como sua palavra ainda dirige as ações de suas vidas.

O muçulmano jamais se envergonha de se ajoelhar para orar, embora possa estar cercado de zombeteiros e daqueles que odeiam seu Profeta. Vemos como a fé nele superou todo o medo da morte. Onde se encontra heroísmo maior do que o dos dervixes africanos, que arremeteram por sobre o espaço varrido pelas metralhadoras e morreram, fileira após fileira, dirigindo-se para a morte por amor ao Profeta e pela fé ao Islã? Uma fé assim deve realmente ter um futuro no mundo.

O primeiro discípulo do Profeta foi sua esposa; seus discípulos seguintes foram seus parentes mais próximos. Isso já diz algo a respeito do homem. É fácil ganhar discípulos entre aqueles que não os conhecem, que os veem apenas no púlpito, que os ouvem somente num discurso predeterminado. Mas ser profeta para a própria esposa e para a filha e o enteado, para os parentes próximos, é verdadeiramente ser um Profeta!

Abu Tālib, seu protetor de toda vida, no entanto, não aceitava como Profeta o homem que, quando menino, agarrava-se às suas pernas: 'Filho do meu irmão', respondeu 'ele, não posso abjurar a religião dos meus pais; mas pelo Supremo Deus, enquanto eu for vivo, ninguém ousará te fazer mal'. Depois, voltando-se para Ali, seu filho, o venerável patriarca inquire qual era sua religião. 'Ó Pai', respondeu Ali, 'eu acredito em Deus e no seu Profeta e o sigo'. 'Muito bem, meu filho', disse Zālib, 'ele não chamaria te para alguma coisa que não fosse boa; destarte, estás livre para te juntar a ele'[215].

Durante três tranquilos anos Maomé trabalha; e ao final dos três anos, trinta discípulos o reconhecem como o Profeta do Senhor. Depois vem o seu primeiro sermão público, no qual pregou sobre a unidade de Deus e contra o sacrifício humano, a luxúria, a embriaguez e a vida impura.

Alguns mais se reúnem à sua volta, tocados por suas palavras inspiradas. Mas agora irrompe feroz perseguição, e ele pede a seus seguido-

---

[215] Syed Ameer Ali, *The Spirit of Islam*, pp. 87, 88.

res para suportarem uma terrível tortura. Seus seguidores são esquartejados, são furados com estacas, são expostos sobre a areia abrasadora com os rostos voltados para o sol da Arábia com pesadas pedras sobre o peito, se lhes ordenam negar a Deus e seu Profeta; mas eles morrem murmurando: 'Existe apenas um Deus, e Maomé é o seu Profeta'. À medida que seus inimigos pouco a pouco lhes rasgam a carne do corpo, rindo perguntam a um dos mártires: 'Você não preferiria que Maomé estivesse no seu lugar e você em casa?' 'Como Deus é minha testemunha', responde o moribundo, 'eu não preferiria estar em casa em essência com minha esposa e filhos se para isso Maomé tivesse que ser furado por um único espinho' – tal era o amor que ele inspirava naqueles que morriam por ele.

Finalmente, seus seguidores fogem e buscam refúgio sob outro dirigente; escutam por um momento, e ouvem como aqueles a quem ele havia redimido do mal falam de seu Profeta e do que ele tinha feito por eles; pois o testemunho do discípulo é o melhor testemunho do instrutor, e é lá que se aprenderá melhor como esse homem tocou os corações de seus seguidores. 'Ó Rei', diz o porta-voz deles, 'estávamos mergulhados nas profundezas da ignorância e do barbarismo. (...) Adorávamos ídolos, vivíamos em lascívia, comíamos corpos mortos, e falávamos abominações; desconsiderávamos todo sentimento de humanidade e os deveres de hospitalidade e de vizinhança; não conhecíamos nenhuma lei, senão a do mais forte; quando Deus fez surgir dentre nós um homem de cujo nascimento, veracidade, honestidade e pureza estávamos conscientes. E ele nos chamou para a unidade com Deus e nos ensinou a não associar nada com Ele; proibiu-nos de adorar ídolos e nos ordenou falar a verdade, sermos fiéis às nossas crenças, sermos misericordiosos e respeitarmos os direitos dos vizinhos; proibiu-nos de falar mal das mulheres ou de comer cadáveres; ordenou que nos livrássemos dos vícios e nos abstivéssemos do mal, orássemos, déssemos esmola, observássemos o jejum. Nós acreditamos nele e aceitamos seus ensinamentos'[216].

E que tipo de homem era ele agora quando seus seguidores reuniam-se à sua volta? Certo dia, enquanto conversava com um homem rico

[216] *The Spirit of Islam*, pp. 100, 101.

a quem desejava conquistar para sua causa – pois conquistar os ricos e poderosos significava vida para aqueles que o seguiam –, um cego aproximou-se e gritou em voz alta: 'Ó Profeta de Deus, ensina-me o caminho da salvação', mas ele não ouviu. Ele estava conversando com um homem de nascimento ilustre e abastado. E o mendigo, não sabendo que ele estava ocupado, gritou mais uma vez: 'Ó Profeta de Deus, mostra-me o caminho'. O profeta franziu o cenho e se desviou dele.

No dia seguinte, surgiu uma mensagem que para sempre permanece escrita no Alcorão, 'em que ele colocava esse acontecimento para que todos pudessem lembrar'. 'O profeta franziu o cenho e se afastou porque o cego dirigiu-se a ele; e como sabeis se ele por acaso será purificado de seus pecados, ou se será admoestado e a admoestação ser-lhe-á útil? O homem que é rico, tu o recebes respeitosamente, considerando que não será cobrado de ti que ele não esteja purificado; mas aquele que venha a ti seriamente em busca da salvação e que teme a Deus, tu o rejeitas. De modo algum deves agir assim'[217].

Depois disso, quando o Profeta via o cego, ele o tratava com grande respeito, dizendo: 'Esse homem é bem-vindo, e por causa dele o meu Senhor me repreendeu', e o tornou duas vezes governador de Medina.

Como era grande o Profeta da Arábia, repreendendo a si mesmo tão prontamente quanto a qualquer um dos seus seguidores.

A perseguição torna-se mais terrível, e finalmente seus discípulos fogem em todas as direções, até que todos se tenham ido menos um, o Profeta, que não irá fugir, e seu tio Abu Tālib, o nobre que jamais se unira a ele.

'Ó filho do meu irmão', diz Abu Tālib, 'desiste dessa obra, renuncia a esta causa perdida'. 'Não', disse o Profeta, 'ó meu tio, se colocassem o sol sobre a minha mão direita e a lua sobre a esquerda para me forçar a renunciar à minha obra, eu verdadeiramente não desistiria até que Deus tornasse sua causa manifesta, ou pereceria tentando'. E então, por que seu tio, seu amado protetor, não podia segui-lo, ele cobre o rosto com seu manto para esconder o sofrimento, e vira-se para sair. Então a voz

[217] *Alcorão*, cap. 80. 'Ele franziu o cenho'. O Alcorão de Sale não fornece os versos – uma grande inconveniência.

de seu tio soa atrás dele: 'Pare, pare, diz o que quiseres; pelo Senhor, eu jamais te abandonarei, não, jamais'[218].

É o 'ano dos lutos'. Pior é que agora o tio morre; e mil vezes pior: Khadija morre, ela que era sua esposa, seu único amor. Ele está só, após vinte e seis anos de uma perfeita vida de casados.

Às vezes o Profeta tenta converter pessoas de entre os mercadores que visitam Meca, e um voto feito por seis deles chegou até nós. Foi feito na colina de Akaba, e por isso é chamado o voto de Akaba. 'Nada iremos associar a Deus; não roubaremos; não cometeremos adultério, nem fornicação; não mataremos nossos filhos; abster-nos-emos de calúnia e difamação; obedeceremos ao Profeta em tudo que é correto e seremos fiéis a ele na alegria e na dor'[219].

Por fim, apenas o velho e fiel Abu Bakr e Ali permanecem com o Profeta, e ele resolve fugir. Seus inimigos o tinham cercado na sua pequena casa, e aqui os assassinos tentaram pegá-lo, mas ele escapou por uma janela. E agora o ano é 622, a que os homens chamam de *Hijra* – a partida de Meca, porém o início da era muçulmana. Os fugitivos são perseguidos; a cabeça do Profeta é posta a prêmio. 'Somos apenas dois', diz o velho Abu Bakr, tremendo. 'Não', diz Maomé, ' somos três; Deus está conosco'[220].

Ele foge para Medina; lá são bem recebidos, e os discípulos começam a se aglomerar à sua volta e o fizeram governador do Estado. Mas seus inimigos o seguem desde Meca – bandos daqueles que perseguiram e torturaram seus seguidores; seu próprio grupo é pequeno, enquanto as hostes dos inimigos são poderosas. Eles se juntam na batalha – a batalha de Badr.

O Profeta clama: 'Ó Senhor! Se esse pequeno grupo tiver que perecer, não haverá mais ninguém para Te oferecer a pura adoração'[221]. A luta é furiosa; rajadas de vento e de areia parecem combater pelos muçulmanos. A vitória é obtida, pois as forças do Poder Divino estão com ele, e ele é deveras visto por todos os homens como o Profeta do Senhor.

---

[218] *The Spirit of Islam*, p.111.
[219] *The Spirit of Islam*, pp. 119, 120.
[220] Ibid., p. 126.
[221] Ibid., p. 145.

Esse é o primeiro banho de sangue de Maomé, repelindo um ataque. Ele sempre fora terno, compassivo – 'o efeminado', como seus inimigos o chamavam. Mas agora ele não é mais um indivíduo livre para perdoar todos os males feitos a ele; ele é governador de estado, o general de um exército, com deveres para com seus seguidores que nele confiam. Chegados são os dias quando os crimes que como homem ele teria perdoado, como governante ele deve punir; e Maomé, o Profeta, não é nenhum fraco sentimentalista.

Após a vitória de Badr, apenas dois homens foram executados e, contrariamente ao costume árabe, os prisioneiros foram, por ordem do Profeta, tratados com a maior gentileza, os muçulmanos lhes dando pão e guardando para si apenas as tâmaras.

Seguem-se agora anos de luta, de problemas e dificuldades, de contendas entre seus seguidores e acúmulo de inimigos à sua volta. Mas há uma cena tão bela que devo parar por um momento para apreciá-la.

Houve uma batalha e uma vitória, e o espólio tem que ser dividido; mas aqueles que o seguiam há mais tempo não partilharam do butim. E assim há ira e reclamação, e ele fala:

'Vós, Ansār, aprendi o discurso que corre entre vós. Quando vim estar convosco, vós erráveis nas trevas, e o Senhor vos deu a direção correta; vós sofríeis, e ele vos fez felizes; havia inimizade entre vós, e ele preencheu vossos corações de amor fraterno e concórdia. Não foi assim, dizei-me?' 'Verdadeiramente, é como dizes', foi a resposta; 'ao Senhor e a seu Profeta pertencem a benevolência e a graça'. 'Não, pelo Senhor', continuou o Profeta, 'mas vós poderíeis ter respondido, e respondestes verdadeiramente, pois eu mesmo teria atestado esta verdade: "Tu viestes a nós, rejeitado como um impostor, e nós acreditamos em ti; tu vieste como um fugitivo desamparado, e nós te demos assistência; pobre e deserdado, e te demos asilo; desconsolado, e nós te consolamos". Vós, Ansār, por que perturbais vossos corações por causa das coisas desta vida? Não estais satisfeitos que outros possam obter as madeiras e os camelos, enquanto voltais para vossos lares comigo entre vós? Por aquele que detém minha vida em suas mãos, eu jamais vos abandonarei. Se toda humanidade seguisse por um caminho e os Ansār seguissem por outro, eu verdadeiramente iria juntar-me aos Ansār. Que o Senhor vos seja favorável e vos abençoe, e aos vossos filhos, e aos filhos de vossos filhos'. Eles choraram, esses guerreiros rudes, até que, diz o cronista, suas 'lágrimas escorreram por entre suas barbas'. 'Sim, Profeta de Deus, estamos satisfeitos com nosso quinhão'[222].

Como se faz sentir a fascinação do grande Profeta árabe – o poder que nele fazia os homens sofrerem torturas e enfrentarem a morte por sua causa, que evocou o amor por ele, que tem durado através dos séculos. E ainda assim – tanto ele insistiu sobre suas próprias imperfeições, 'Eu sou apenas um homem' – que até mesmo aquele amor jamais o deificou.

E assim continuaram as coisas durante dez anos, e então chegou o fim. E quando terminaram as orações, eles o ergueram na mesquita, fraco demais para se manter de pé; Ali e Fazl, um de cada lado a ampará-lo, e ele eleva sua voz débil e clama: 'Muçulmanos! Se prejudiquei algum de vós, estou aqui para responder por isso; se devo algo a alguém, tudo que eu possa ter pertence a vós'. Um homem diz que ele lhe deve trezentos dinheiros e as moedas são pagas, o último débito a ser pago sobre a Terra[223]. É a última visita à mesquita, ele é chamado para casa, sua obra concluída. Ele se prostra em oração, e sua voz torna-se um débil murmúrio; é o dia 8 de junho de 632, e o Profeta deixa seu corpo desgastado para observar de uma esfera mais elevada a religião que fundou e defendeu.

Uma vida nobre, maravilhosa; verdadeiramente, um Profeta do Senhor. E ainda assim tão simples, frugal, humilde, remendando seu desgastado manto, consertando seus próprios sapatos, quando milhares estavam a se curvar perante ele como Profeta – e gentil para com todos à sua volta. 'Dez anos', disse Anas, sua criada, 'estive junto ao Profeta, e ele jamais me disse algo como "Uff"'[224].

Duas principais acusações foram apresentadas contra ele. Uma, a de que nos seus últimos anos casou-se com nove esposas. É verdade. Mas será provável que um homem em pleno vigor de sua juventude, um

[222] *The Spirit of Islam*, pp. 197, 198.
[223] Ibid., p. 218.
[224] The Spirit of Islam, p. 221.

jovem de vinte e quatro anos, casando-se com uma mulher muito mais velha e permanecendo-lhe fiel durante vinte e seis anos, aos cinquenta anos de idade, quando as paixões estão morrendo, se tenha casado por luxúria e paixão sexual? E se olharmos para as mulheres com quem ele casou, descobriremos que por meio de cada uma delas foi feita uma aliança para o seu povo ou algo foi obtido para seus seguidores ou a mulher estava muito necessitada de proteção.

Mas, dizem, ele pregou a guerra e o extermínio, e a morte brutal e sangrenta do infiel. Foi sempre defendido e estabelecido pelos legisladores muçulmanos que quando houver dois comandos, um dos quais seja absoluto – tal como: 'Matai o infiel' – e o outro condicional – tal como: 'Matai o infiel quando ele vos atacar e não vos permitir praticar vossa religião' –, que a condição, a limitação, deva ser acrescentada a cada um dos comandos absolutos. Esta regra é corroborada repetidamente pelas palavras do próprio Alcorão e pela prática do Profeta. Com referência aos 'infiéis' ele diz:

'Que se eles desistirem de vos fazer oposição, o que já é passado lhes será perdoado; mas se retornarem para vos atacar, a punição exemplar aos antigos opositores dos Profetas já é passado, e punição semelhante lhes será infligida. Portanto, lutai contra eles até que não haja qualquer oposição em favor da idolatria e a religião seja totalmente de Deus. Se eles desistirem, verdadeiramente Deus vê aquilo que eles fazem; mas se eles retornarem, sabei que Deus é vosso protetor – ele é o melhor protetor e o melhor auxiliar'[225]. E diz mais:

'Convidai os homens para o caminho do vosso Senhor pela sabedoria e exortação suave; e argumentai com eles da maneira mais condescendente, pois vosso Senhor conhece bem aquele que se desvia de sua senda, e conhece bem aqueles que estão na direção correta. Se vós vos vingardes de alguém, vingai-vos de modo proporcional ao mal que vos foi causado; mas se sofrerdes o mal pacientemente, verdadeiramente isso será melhor para o resignado. Portanto, suportai a oposição com paciência; mas vossa paciência não será viável a não ser com a assistência de Deus. E não vos sintais ofendidos por causa dos infiéis; nem vos

---

[225] *Alcorão*, cap. 8.

preocupeis com aquilo que eles tramam de maneira sub-reptícia; pois Deus está com aqueles que o temem e que são justos'[226].

Mais uma vez: 'Que não haja violência na religião'[227]. 'Se abraçarem o Islã, certamente estarão corretamente direcionados; mas se voltarem as costas, verdadeiramente só vos resta rezar'[228]. E o Profeta deu uma notável definição de um 'infiel': 'Os infiéis são os que praticam o mal'[229]; não apenas aqueles fora do Islã, pois como veremos, o Islã, na boca do Profeta, não foi de modo algum idêntico ao que foi com os seus seguidores. 'Se eles se afastam de vós e não lutam contra vós, e vos oferecem a paz, Deus não permite que os prendais nem que os mateis'[230].

Será oportuno ignorar esses ensinamentos, proferidos em meio à guerra, à luta e à opressão, e apoderar-se apenas das frases que foram ditas para inspirar uma minoria a lutar contra uma maioria, tal como qualquer general proferiria quando está indo para batalha? Tais eram as palavras proferidas pelo Profeta como comandos 'absolutos'.

E olhemos para sua própria conduta como ilustrativa do seu ensinamento. Jamais um mal lhe foi feito sem que ele o perdoasse; jamais uma injúria que ele não estivesse pronto a perdoar. Existem imperfeições em todas as crenças; existem erros na prática de todos os homens. Seguidores ignorantes frequentemente agem de maneira errada, onde os profetas falam a verdade. Julguemos a religião pelo que ela tem de mais nobre e não apenas pelo que tem de pior, e então aprenderemos a amar uns aos outros como irmãos, e não a odiarmos uns aos outros como intolerantes e fanáticos.

Passemos agora da vida do Fundador para os ensinamentos em si. Antes de qualquer coisa vem a unidade de Deus, um ensinamento encontrado em todas as crenças; a especialidade, talvez, da fé do Profeta árabe era que ele ensinava a unidade de Deus como rei, soberano e governador. Repetidamente, as palavras ecoam: 'Dizei que Deus é um Deus. Ele não cria nem é criado; e não há ninguém como ele'[231].

[226] *Alcorão*, cap. 17.
[227] Ibid., cap. 2.
[228] Ibid., cap. 2.
[229] Ibid., cap. 2.
[230] Ibid., cap. 4.
[231] Ibid., cap. 112.

Esse é o âmago do ensinamento; essa é a suprema mensagem. Toda religião possui uma palavra especial para dizer e uma mensagem especial para passar. Tal qual a grande palavra do Hinduísmo é a universalidade do Eu, o Deus que está em tudo – e todos os homens são um com ele –, assim também a palavra do Islã é a unidade de Deus como soberano, com ninguém além dele e nenhum seu segundo. Eu poderia citar uma dúzia de passagens do Alcorão para provar isso, mais duas serão suficientes:

'Deus! Não existe Deus a não ser ele, o vivo, o autossubsistente; nem um sono leve nem um pesado o arrebatam; a ele pertence o que quer que esteja no céu e na terra. Quem é aquele que pode interceder junto a ele, a não ser através de sua boa vontade? Ele conhece aquilo que é passado e aquilo que deve acontecer às pessoas, e elas nada compreenderão do seu conhecimento, a não ser até onde ele queira. O seu trono estende-se pelo céu e pela terra, e a preservação de ambos não é fardo algum para ele. Ele é o Altíssimo, o Poderoso'[232].

'Deus testemunhou que não existe nenhum Deus senão ele; e os anjos e aqueles que são dotados de sabedoria professam a mesma coisa; aqueles que exercem a retidão; não há Deus senão ele, o Poderoso, o Sábio'[233].

A seguir, vem a crença nos profetas de Deus; não em um profeta apenas, mas em todos os Profetas. Repetidamente, está declarado no Alcorão que 'não existe distinção entre dois profetas'. Todos os profetas são oriundos de Deus; cada um é enviado ao seu próprio povo e realiza sua própria obra.

Outros profetas são reconhecidos por ele, e ele não busca interferir com eles. 'Todos eles acreditam em Deus, e nos anjos de Deus, e nas suas escrituras, e nos seus apóstolos; não fazemos distinção alguma entre seus apóstolos'[234].

'Digamos, acreditamos em Deus e naquilo que foi enviado a nós, e naquilo que foi enviado a Abraão, e a Ismael, e a Isaac, e a Jacó, e às tribos; e naquilo que foi entregue a Moisés, e a Jesus, e aos profetas, oriundo do Senhor; não fazemos distinção entre nenhum deles'[235].

---

[232] *Alcorão*, Cap. 2.
[233] Ibid., cap. 3.
[234] Ibid., cap. 2.
[235] Ibid., cap. 3.

'Aqueles que não acreditam em Deus e nos seus apóstolos, e que fazem distinção entre Deus e seus apóstolos, e que dizem ''acreditamos em alguns dos profetas e rejeitamos outros, e buscamos desse modo assumir o caminho do meio", esses são verdadeiramente incrédulos; e para os incrédulos, temos preparada uma punição ignominiosa. Mas para aqueles que acreditam em Deus e nos seus apóstolos e que não fazem distinção entre nenhum deles, a esses iremos certamente dar sua recompensa; e Deus é benevolente e misericordioso'[236].

De perfeito acordo com esta liberalidade está o uso que o Profeta faz da palavra Islã. Frequentemente, ele diz que existe apenas uma religião, o Islã. Mas o que significa a palavra Islã, e como ele a usa? Islã significa curvar-se, render-se à Vontade Divina. A única religião, diz o Profeta, é a perfeita submissão à vontade divina. Mas será que isso começou com o Profeta da Arábia? Não, ele disse exatamente o oposto: 'Realmente a verdadeira religião aos olhos de Deus é o Islã; e aqueles que receberam as escrituras não divergiram disso, até que o conhecimento da unidade Deus tivesse chegado até eles, devido à inveja entre eles'[237].

'Abraão não era nem judeu nem cristão; mas pertencia à religião verdadeira, alguém que se submeteu a Deus e que não pertencia ao grupo de idólatras. Verdadeiramente, os homens que são parentes mais próximos de Abraão são aqueles que o seguem, e a esse Profeta e àqueles que nele acreditam, Deus é o protetor do fiel'[238].

'Quem é melhor em termos de religião do que aquele que se submeteu a Deus, que trabalha pela retidão, e que segue a lei de Abraão, o ortodoxo? Já que Deus tomou Abraão como seu amigo'[239].

Apenas nesse sentido é o Islã a única religião; todos os homens de todas as crenças que se submetem a Deus são verdadeiramente filhos do Islã. Não é culpa do Profeta se seus seguidores restringiram isso em épocas posteriores. Eu apelo ao Profeta contra seus seguidores; como tenho frequentemente apelado ao Cristo contra os cristãos, e aos *Rishis* contra os hindus modernos.

---

[236] Ibid., cap. 4. De acordo com isso pareceria que os teosofistas são os únicos verdadeiros crentes de hoje em dia.

[237] Ibid., cap. 3.

[238] Ibid., cap. 4.

[239] *Alcorão*, cap. 5.

'Algum dia ainda chamaremos todos os homens para serem julgados juntamente com seus respectivos líderes; e quem quer que tenha na mão direita o livro que lhe foi dado do seu instrutor, o lerá com alegria e satisfação'[240].

'Quanto aos verdadeiros crédulos e àqueles que acatam o Judaísmo, e aos sabianos*, e aos cristãos, e aos magianos**, e aos idólatras, verdadeiramente Deus irá julgar entre eles no Dia da Ressurreição'[241].

'Nós não vos designamos como mantenedores deles (idólatras); nem sois guardiões deles. Não insulteis os ídolos que eles invocam além de Deus para que, maliciosamente, não insultem Deus sem conhecimento'[242].

'A todos vós demos uma lei e uma senda aberta; e se Deus estivesse satisfeito, ele vos teria certamente tornado um único povo. Mas ele achou mais apropriado vos dar leis diferentes, para que vos pudesse testar naquilo que vos tem dado respectivamente. Portanto, esforçai-vos por vos superar uns aos outros nas boas obras; a Deus retornareis todos, e ele então vos irá declarar aquilo em que divergistes'[243].

Não se deve entrar em contenda com outras religiões, mesmo que sejam idólatras. Tudo irá aparecer perante Deus no último dia, e Deus lhes irá explicar sua divergência. Essa é a grande palavra: a Deus todos retornaremos. Deixemos as contendas até que a luz de Deus nos ilumine, e então veremos toda a verdade – agora vemos apenas um fragmento. Deixemos estar, como esse Livro nos ordena, até que Deus explique, até que o Espírito divino ilumine todos os homens, e eles verão as muitas crenças como uma só.

A seguir, na religião exotérica, vem a crença nos anjos; os quatro grandes Arcanjos que governam imediatamente abaixo do próprio Deus: Mikail (Miguel), o anjo que protege; Jibrail (Gabriel), o anjo que conduz as mensagens de Deus; Azrael, o anjo da morte; e Israfil, o anjo da última trombeta. Esses são os quatro grandes Arcanjos, tal como os *devarājas* dos hindus.

[240] Ibid., cap. 17.
[241] Ibid., cap. 22.
[242] Ibid., cap. 6.
[243] Ibid., cap. 5.
* Sabiano: adepto da religião Sabiana; adorador de corpos celestes. (*The Free Dictionary*)
** Magiano: um dos Magi, ou sacerdote da religião zoroastriana da Pérsia; um adepto do Zoroastrianismo. (*The Free Dictionary*)

Então vêm os anjos registradores, que anotam os feitos dos homens, dois ligados a cada homem. E depois as hostes de anjos à nossa volta, que administram as leis divinas, que dão cumprimento à vontade divina, que guiam os homens na senda e os defendem e protegem no perigo. Esses são os *devas* dos hindus. Depois as ordens inferiores – os *jinns* – a que os teosofistas chamariam de elementais inferiores. Há cinco ordens, uma para cada um dos cinco elementos, como ensina toda ciência oculta.

O céu sétuplo e o inferno sétuplo são também ensinados, como em toda crença exotérica. Por último, existe *Iblis* ou Satã, que se rebelou contra o Mais Elevado e, com suas hostes de anjos rebeldes, caiu do céu e se tornou o príncipe do ar e o inimigo do homem.

Voltemo-nos agora aos deveres do indivíduo. O principal de todos é a retidão, como lemos nesta bela passagem: 'Não é retidão voltardes vossas faces em oração na direção leste e oeste. Porém a retidão pertence àquele que acredita em Deus e no último dia, e nos anjos, e nas escrituras, e nos profetas; àquele que por amor a Deus dá dinheiro a seus parentes e aos órfãos, e aos necessitados, e ao estranho, e àqueles que pedem, e pela redenção dos cativos; que é constante na oração e que dá esmolas; e àqueles que cumprem a promessa divina quando tenham prometido e que se comportam pacientemente na adversidade, na necessidade e em tempos de violência – esses são os verdadeiros e os que temem a Deus'[244].

'Verdadeiramente, Deus exige justiça, e que se faça o bem, e que se dê aos familiares o que for preciso; e proíbe a maldade, a iniquidade e a opressão'[245].

'Não o fizemos [ao homem] com dois olhos, uma língua e dois lábios, e lhe mostramos as duas estradas do bem e do mal? Todavia ele não tenta o penhasco. O que vos fará compreender o que é o penhasco? É libertar o cativo ou, nos dias de penúria, alimentar o órfão que é parente ou o pobre que jaz no chão. Quem quer que faça isso e seja um daqueles que acreditam e que recomendam a perseverança mútua e a misericórdia mútua – esse será o companheiro da Mão Direita'[246].

[244] *Alcorão*, cap. 2.
[245] Ibid., cap. 16.
[246] Ibid., cap. 90.

‘A partir de então, a verdadeira riqueza do homem é o bem que ele faz ao seu próximo nesse mundo. Quando ele morrer, as pessoas irão perguntar: que propriedades ele deixou? Mas os anjos que o examinam no túmulo irão perguntar: que boas ações praticastes?’[247]

Ao considerar esse ensinamento, seria bom para o estudante lembrar a condição na qual o Profeta encontrou o povo, como está descrito no início desse capítulo, e então se lembrar de que esse mesmo povo praticou o que ele ensinou.

Iremos agora considerar o seu ensinamento sobre as mulheres. Como o mundo tem interpretado mal esse ensinamento! Dizem que ele ensinou que elas não têm almas. Estas são suas palavras: ‘Quem quer que faça o mal será retribuído por isso, e não encontrará nenhum protetor ou auxiliar junto a Deus; mas aquele que pratica boas obras, quer seja homem ou mulher, e que seja um verdadeiro crente, será admitido no paraíso e não será de modo algum desconsiderado’[248].

‘Verdadeiramente, os muçulmanos de ambos os sexos e os verdadeiros crentes de cada sexo, e os homens e as mulheres devotos, e os homens e as mulheres verazes, e os homens e as mulheres pacientes, e os homens e as mulheres humildes, e aqueles de ambos os sexos que dão esmolas, e os homens e as mulheres que praticam o jejum, e os homens e as mulheres castos, e aqueles de ambos os sexos que lembram Deus frequentemente – para esses Deus preparou o perdão e uma grande recompensa’[249].

‘Não irei tolerar a obra daquele dentre vós que trabalha para se perder, quer seja homem ou mulher; cada um de vós é parte do outro’[250].

Ademais, um grande respeito com relação às mulheres foi inculcado pelo Profeta! ‘Ó homens! Temei vosso Senhor, que vos criou a partir de um homem e a partir dele criou sua esposa, e a partir dos dois multiplicou muitos homens e mulheres; e temei a Deus por meio de quem suplicais uns aos outros, e respeitai as mulheres que vos deram à luz, pois Deus está a observar’[251].

---

[247] *The Spirit of Islam*, p. 135, de um sermão do Profeta.
[248] *Alcorão*, cap. 4.
[249] Ibid., cap. 34.
[250] Ibid., cap. 3.
[251] Ibid., cap. 4.

‘As almas dos homens são naturalmente inclinadas à cobiça; mas se fordes gentis para com as mulheres e temerdes fazer-lhes mal, Deus está bem ciente do que fazeis’[252].

Nem estavam os ensinamentos do Profeta confinados a generalidades. Ele formula a lei por meio da qual as mulheres deveriam ser tratadas em termos de herança. Nisso, a lei islâmica deve certamente ser considerada como modelo. A propriedade delas era protegida; não podiam ser privadas de uma parte da herança de seus parentes, irmãos ou maridos. No que diz respeito à poligamia, certamente que é uma mancha, mas devemos lembrar que a lei foi dada a um povo mergulhado na licenciosidade da pior espécie; estavam limitados a quatro esposas apenas. No Velho Testamento, a poligamia era praticada pelo Amigo de Deus e pelo homem em busca do próprio coração de Deus; o Novo Testamento não o proíbe, a não ser para um bispo ou diácono, os únicos de quem se dizia poder ser maridos de apenas uma esposa. Havia poligamia entre os antigos hindus.

É fácil tentar encontrar brechas na crença de outro homem; mas que ocidental ousará falar contra a poligamia limitada do Oriente, uma vez que no Ocidente existe prostituição? Não existe monogamia no mundo exceto aqui e ali, entre os homens de vida mais pura. Não existe monogamia onde há uma esposa legal e amantes ocultas. Dizer tudo isso não significa atacar ninguém, mas incitar os homens a serem justos uns com os outros. Um homem e uma mulher, esse é o verdadeiro casamento; tudo o mais é nocivo. Mas os homens em sua maioria não são ainda puros o suficiente para isso. E nas balanças da justiça, a poligamia do Oriente – que guarda, protege, nutre e veste as esposas – pode pesar mais do que a prostituição do Ocidente, que arrebata a mulher devido ao forte desejo sexual e em seguida a lança nas ruas, quando o desejo é saciado. Julguemos ambos como maléficos, mas não deixemos o cristão culpar seu irmão pelo pecado que ambos cometem.

A poligamia é nociva, meus irmãos muçulmanos; e lembremos que o Profeta disse que jamais deveriam tomar uma segunda esposa a não ser quando pudessem amá-la tanto quanto à primeira e tratá-la com igual-

[252] Ibid.

dade e justiça absolutas. Que homem pode amar duas esposas com igual amor e igual justiça? Se isso não pode ser feito, então mais de uma esposa não é permitido pelo Profeta. Eu acredito que ele queria que a monogamia pudesse gradualmente tomar o lugar da poligamia, e que essa vergonha pudesse ser apagada de sua fé.

É inculcada a ternura para com os pais: 'Vosso Senhor ordenou que não adoreis ninguém além dele; e que mostrai gentileza para com vossos pais, quer seja para um deles ou para ambos, que chegaram à velhice convosco. Por nenhum motivo lhes diga "tenho vergonha de vocês!" Nem os repreendais, porém faleis com eles respeitosamente; e comportai-vos humildemente para com eles por terna afeição, e dizei: Ó Senhor, tende piedade de ambos, pois eles cuidaram de mim quando pequeno'[253].

E quão justo e liberal é o tratamento dispensado aos escravos: 'A qualquer um de vossos escravos que deseje um instrumento escrito permitindo-lhe redimir-se ao pagar certa quantia, escrevei o documento, se souberdes haver bondade nele; e dai-lhe das riquezas de Deus, das riquezas que Deus vos deu'[254].

Passemos aos deveres pessoais que devem ser cumpridos. A repetição diária do *Kalimah* ou Credo: 'Não existe nenhum Deus a não ser Deus, e Maomé é seu Profeta'. *Zakāt* – a doação de esmolas, grãos e frutos, mercadorias, gado e dinheiro – é para ser empregada entre estranhos, órfãos pobres e cativos.

'As esmolas devem ser distribuídas apenas aos pobres e necessitados, e àqueles empenhados em coletá-las e distribuí-las, e àqueles cujos corações estão reconciliados, e para a redenção dos cativos, e àqueles endividados e insolventes, e para o progresso da religião de Deus, e ao viajante'[255].

'E qualquer esmola que derdes ou qualquer voto que fizerdes, verdadeiramente Deus o sabe; mas o incrédulo nada terá para lhe ajudar. E se quiserdes que vossas esmolas apareçam, está tudo bem; mas se as ocultardes e as derdes aos pobres, isso será melhor para vós e expiará vossos pecados; e Deus está bem informado daquilo que fazeis. O desti-

[253] Ibid, cap. 17

[254] *Alcorão*, cap. 24.

[255] Ibid., cap. 9.

no dessas coisas pertence não a vós, mas a Deus, que as direciona como lhe apraz. O bem que dais nas esmolas redundará a vosso favor; mas não as dareis a não ser sem o desejo de ver a face de Deus'[256].

E como é bonito o que vem a seguir, de um sermão do Profeta. Ele dizia que um homem bom que dá esmolas ocultamente é mais forte do que qualquer coisa na criação de Deus, e continuou: 'Toda boa ação é caridade. Sorrir para vosso irmão é caridade. Uma exortação dirigida ao próximo para praticar boas virtudes é semelhante a dar esmolas. Trazer o andarilho para a reta senda é caridade; assistir aos cegos é caridade; remover pedras e espinhos e outras obstruções da estrada é caridade; dar água ao sedento é caridade'[257].

Outros deveres são *Salāt*, as cinco ocasiões estabelecidas para orar – muito belas e nobres são as orações. *Roza*, o jejum de trinta dias do *Ramzān*. *Hajjitha*, a peregrinação a Meca, se um homem puder empreendê-la legando assistência suficiente àqueles que ele deixa para trás. Esses são os cinco deveres que são incumbência de todos. O vinho é rigorosamente proibido.

Depois do lado exotérico de uma religião, vem a sua filosofia. O moderno Islamismo deixa muito a desejar; mas o que era essa filosofia nos dias quando seus pensamentos eram assaz poderosos é difícil de expressar. 'Adquiri conhecimento', diz o Profeta num dos seus sermões, 'porque aquele que o adquire no caminho do Senhor realiza um ato de piedade; quem fala do conhecimento louva o Senhor; quem o busca adora a Deus; quem distribui instrução baseada no conhecimento consegue uma dádiva; e quem o divulga segundo os desígnios apropriados realiza um ato de devoção a Deus. O conhecimento permite ao seu possuidor distinguir o que é proibido do que não o é; ilumina o caminho para o céu; é nosso amigo no deserto, nossa sociedade na solidão, nosso companheiro quando privados de amigos; orienta-nos para a felicidade; sustenta-nos na penúria; é o nosso ornamento na companhia de amigos; serve como uma armadura contra nossos inimigos. Com conhecimento, o servo de Deus eleva-se à altura da bondade e a uma posição nobre, associa-se aos soberanos nesse

[256] Ibid., cap. 2.

[257] *The Spirit of Islam*, p. 135.

mundo, e atinge a perfeição da felicidade no próximo'[258].

Há uma frase do Profeta que é tão admirável que eu a repito aqui: 'A tinta do erudito é mais valiosa que o sangue do mártir'. Uma declaração inesperada de um Profeta por quem tantos tinham sido martirizados. E apesar disso, quão verdadeira ela é.

Ali, o bem-amado, o genro do Profeta, de quem surgiu todo aprendizado do Islã e o maravilhoso florescer de seu conhecimento, dava palestras em meio a contendas e guerras. Levantava-se para ensinar e para ordenar aos jovens que estudassem, aprendessem e dominassem as ciências acima de todas as outras coisas. Vale a pena citar uma definição de ciência: 'A iluminação do coração é a sua essência; a verdade, o seu objeto principal; a inspiração, o seu guia; a razão, o seu aceitante; Deus, o seu inspirador; e as palavras do homem, o seu modo de se expressar'[259]. Certamente, não foram dadas melhores definições de ciência do que esta.

Durante cem anos os seguidores de Ali estudaram, enquanto o outro lado do mundo muçulmano estava lutando e conquistando; cem anos de calmo estudo, e depois a obra começou.

Do século VIII ao século XIV, o Islamismo carregou a tocha da ciência. Aonde quer que fossem, eles conquistavam; e onde conquistavam, fundavam escolas e universidades.

As universidades do Cairo, de Bagdá, de Córdoba, no extremo oeste da Espanha, cresceram à sombra do Profeta. A Europa cristã amontoa-se na Andaluzia para aprender do instrutor muçulmano os elementos da ciência esquecida. Estudam a astronomia, traduzem o *Siddhānta* da Índia e outros livros; e escrevem tratados sobre astronomia, química e matemática.

Silvester II, que subiu ao trono papal da cristandade, foi estudante da Universidade de Córdoba e aprendeu lá a matemática que o fez mais tarde ser acusado de heresia e de ser filho do demônio.

Suas invenções e descobertas são inúmeras. Eles incrementam a matemática dos hindus e dos gregos – descobrem as equações do segundo grau; depois a quadrática; depois o teorema binomial. Na trigonometria,

[258] *The Spirit of Islam*, pp. 531, 532.
[259] Ibid., p. 537.

descobrem o seno e o cosseno. Descobrem ou inventam a trigonometria esférica; fabricaram o primeiro telescópio; estudam as estrelas; medem o tamanho da Terra com uma variação de um ou dois graus, segundo as medidas tomadas nas praias do Mar Vermelho.

Criam uma nova arquitetura; descobrem uma nova música; ensinam agricultura científica; trazem a manufatura aos mais elevados picos de excelência.

Na filosofia são ainda maiores – mergulham na própria Existência do Supremo; declaram o Uno Absoluto e a relação dos muitos com o Uno; proclamam a unidade do espírito humano com o Divino; estudam o tempo e o espaço. E o aguçado cérebro metafísico da Arábia escreve as mais maravilhosas verdades filosóficas – o puro *Vedānta*, pois todo conhecimento verdadeiro deve terminar aí. Os nomes de Ibn Sina e Ibn Rushid são o que há de mais elevado. Tal foi a irrupção de conhecimento durante os seis séculos que se seguiram à morte do Profeta.

Vimos que a religião deve ter seu lado místico, e isso é verdadeiro com relação ao Islã. Ali, mais uma vez, foi o iniciador; e os seguidores de Ali, os divulgadores. No ano seguinte à fuga de Meca, quarenta e cinco homens pobres reuniram-se para seguir Deus e seu Profeta, para viver como uma comunidade e observar as práticas ascetas. Essa foi a semente do Sufismo, o lado místico do Islã.

Eles ensinam que 'tudo procede de Deus'[260]. Ensinam que nada existe exceto Deus, e que o universo é apenas um espelho dele. Ensinam que existe uma beleza perfeita e que tudo que é belo é apenas um raio dele. Ensinam que existe apenas um amor, o amor de Deus, e que todos os outros amores são verdadeiros apenas se procederem daquele amor. Ensinam que apenas ele é o verdadeiro Ser e que tudo mais é não ser; e o homem que é ele mesmo pode, pela iluminação, elevar-se do não ser ao Ser e retornar ao local de onde veio. A poesia da Pérsia expressa de maneira tão bela essa devoção:

> Tu és Ser absoluto; tudo mais é apenas um fantasma,
> Pois no Teu universo todos os seres são um.

[260] *Alcorão*, cap. 4.

Tua Beleza que cativa o mundo, para
exibir Tuas perfeições, aparece em milhares
de espelhos, mas é uma.
Embora Tua Beleza acompanhe tudo
que é belo,
Na verdade o único e incomparável
Escravizador de Corações é Uno[261].

E mais uma vez:

O Não Ser é o espelho do Ser absoluto,
Daí ser aparente o reflexo do esplendor de Deus.
Quando o Não Ser fez oposição ao Ser,
Um reflexo seu foi imediatamente produzido.
Aquela Unidade foi manifestada através desta Pluralidade;
Um, quando o enumeras, torna-se muitos.
Embora a enumeração tenha o Um como base,
apesar de tudo, jamais tem fim.
Embora o Não Ser fosse claro em essência,
através dele o Tesouro oculto tornou-se manifesto.
Repete a tradição: 'Eu era um Tesouro oculto'.
Que possais plenamente observar o mistério oculto.
O Não Ser é o espelho, o universo é o reflexo, e o homem
É a personalidade nele oculta como o olho no reflexo.
Tu és o olho do reflexo, enquanto Ele
[Deus] é a luz do olho;
Por meio daquele olho o Olho de Deus observa a si próprio.
O mundo é um homem, e o homem é um mundo.

Nenhuma explicação mais clara do que esta é possível:

Quando olhas bem para a raiz do problema
Ele é tanto o Vidente quanto o Olho e a Visão[262].

E então, ouçamos como no século XIII o Sufismo ensinou a verdade

[261] Jami.
[262] *Gulshan-i-Raz.*

da evolução que Darwin ensinou à cristandade no século XIX:

Morri como mineral e me tornei uma planta.
Morri como planta e reapareci como animal.
Morri como animal e me tornei um homem.
O que então poderia eu temer? Quando
fui diminuído por ter morrido?
Na próxima vez, morrerei como homem.
Que eu possa colocar as asas do anjo.
Do anjo, também, devo buscar seguir adiante,
'todas as coisas irão perecer exceto Sua Face'.
Uma vez mais voarei acima dos anjos;
tornar-me-ei aquilo que a imaginação não alcança.
Então, que eu me torne nada, nada; pois a corda da harpa
clama para mim: 'Verdadeiramente, para Ele iremos
retornar'[263].

O Sufismo, de acordo com o *Awarifu-d-ma'ārif*[264] ensina como a Senda deve ser trilhada. Ela é dividida em três estágios: *Shari'at*, a Lei; *Tarikat*, o Caminho; *Hakikat*, a Verdade. Um homem perguntou a um *Shaikh* – instrutor espiritual – a respeito dos três estágios.

Ele respondeu: 'Vá e bata em cada um dos três homens que você vê sentado ali'. Ele foi e bateu no primeiro; o homem saltou na ponta dos pés e lhe bateu de volta. Ele bateu no segundo; o homem corou, fez menção de que iria se levantar, cerrou os punhos, mas se conteve. Ele bateu no terceiro; o homem nem deu atenção. 'O primeiro', disse o *Shaikh*, 'está na Lei; o segundo, no Caminho; o terceiro, na Verdade'.

O profeta Maomé é reconhecido como a autoridade suprema no Islã. No entanto, para trilhar a senda, é necessário um *Shaikh*, e o *Murid* (discípulo) deve demonstrar-lhe a maior devoção e submissão; deve obedecer-lhe em tudo sem reserva nem hesitação: 'Se vos ordenar encharcar vosso tapete de oração com vinho, faça-o; pois o *Shaikh* sabe tudo que sabeis, e mais'.

---

[263] O *Masnavi*, uma compilação de dizeres do *dervixe* Jalalud-din Rumi.

[264] Um livro escrito no século XIII pelo Shaikh Shahab-ud-Din. Companheiro de Sufismo do *Divan-i-Khwaja Hafiz*. Traduzido pelo Tenente-Coronel H. Wilberforce Clarke.

A meditação prolongada é imposta, e ascende em vários estágios até *Wajd – samādhi* ou êxtase. Rabi'a, uma mulher mencionada por Ibn Khallikān (1211-1282), costumava subir até o alto da casa à noite e orar: 'Ó Deus! Quieto é o ruído do dia; com sua amada está o amado. Mas eu tenho a Ti como meu Amado, e somente Contigo me alegro'.

Somente Deus satisfaz o sufi; os *dervixes* dizem: 'Não tememos o inferno nem desejamos o céu'. Impõem-se um ascetismo do tipo mais severo, o jejum chegando a durar muitos dias, e outras austeridades. Mas ainda assim, os sufis são os mais liberais dos homens: 'Os caminhos que levam a Deus são tantos quanto o número de alentos dos filhos dos homens'.

Esse é o misticismo do Islã, e que possa o Islã mais uma vez abraçá-lo, como não o faz hoje em dia. Quando dessa maneira o Islã se reintegrar, ele estará pronto para unir-se em amor fraterno aos outros credos. Pois a união abençoada entre as crenças do mundo não jaz no lado exotérico, onde as formas são diferentes e as cerimônias variadas, e onde cada uma satisfaz as idiossincrasias de seu povo e fala a Deus em sua própria linguagem. A união das religiões jaz na verdade espiritual, nas ideias filosóficas; e jaz acima de tudo naquele misticismo por meio do qual o homem conhece a si mesmo como Deus e busca retornar a ele, para o lugar de onde veio.

Os hindus dizem: *so'ham*; *tat tvam asi* (Eu sou Aquilo; Aquilo és Tu). Os sufis dizem: *An-al-haq*; *haq-tu-il* (Eu sou Deus; Tu és Deus). Como então são eles diferentes, quando Deus é Uno?

Aprendamos a amar e não a odiar; aprendamos a compreender e não a criticar; amemos nossa própria fé acima de todas as outras, mas respeitemos a crença dos nossos vizinhos.

Maomé, Cristo, Zaratustra, Moisés, os *Rishis* e os Bodhisattvas encontram-se numa poderosa Loja, guardiões da humanidade e das nações. Eles não conhecem diferença entre si; e nós, os mais humildes de seus seguidores, captemos um relance do seu amor oniabarcante. Somente por meio do amor eles podem vir até nós.

Maomé não pode vir aos seus, como deseja, até que eles se livrem da intolerância, da mesquinhez, e amem todos os homens como ele os ama a todos. Ele é vosso, ó muçulmanos, mas ele é nosso também. Reivindicamos cada profeta que Deus enviou aos homens – nós os amamos todos; reverenciamos todos; curvamo-nos perante todos eles com a mais humilde reverência.

Possa o Deus de todas as nações permitir que nós, seus filhos, não mais rivalizemos em seu nome, quer o chamemos de *Mahādeva*, *Vishnu*, Alá, *Ahuramazda*, Jeová ou Pai. Qualquer que seja o nome pelo qual o chamemos, existe apenas um Deus, não existe nenhum outro, e nós todos o adoramos.

Jainismo

Significado do Símbolo

O símbolo do Jainismo é uma variação do *Darmacakra*. Nesse caso, a roda *dharmica* situa-se no interior da figura de uma mão. A mão é geralmente vista como símbolo de sabedoria e de ensinamento.

Encontramo-nos agora numa atmosfera muito diferente. Neste momento não teremos à nossa volta a atmosfera de romance e cavalheirismo que encontramos tanto na fé do Islã quanto na dos *siques*. Pelo contrário, estaremos numa atmosfera calma, filosófica, sossegada. Vamos nos encontrar considerando os problemas da existência humana vistos sob a ótica do filósofo, do metafísico. Por outro lado, a questão da conduta ocupará grande parte do nosso pensamento: como o homem deve viver; qual a sua relação com as criaturas inferiores à sua volta; como deve ordenar sua vida e suas ações de modo a não prejudicar ou destruir. Quase se poderia sintetizar o Jainismo numa frase encontrada no *Sutra Kritānga*[265], que o homem não fazendo mal a nenhuma criatura viva alcança o Nirvana, que é paz. Esta é uma frase que parece levar consigo a totalidade dessa religião: paz – paz entre o homem e o homem, paz entre o homem e o animal, paz em toda parte e em todas as coisas, uma perfeita fraternidade de tudo que vive. Tal é o ideal do jainista, o qual ele se esforça por realizar sobre a Terra.

Os jainistas são um grupo comparativamente pequeno, com número entre um e dois milhões. É uma comunidade poderosa não pelos números, mas pela pureza de vida e também pela riqueza de seus membros – mercadores e comerciantes, em sua maioria.

As quatro castas dos hindus são organizadas pelos jainistas, porém encontrareis poucos brâmanes entre eles; também poucos *kshattriyas*, cuja casta parece totalmente incompatível com as atuais ideias dos jainistas, embora seus *Jinas* sejam todos *kshattriyas*. A grande maioria deles são *vaishyas* – mercadores, comerciantes e manufatureiros –, e encontramos uma grande parte deles em Rajputana, em Gujarat, em Kathiawar.

Não era assim no passado, pois descobrimos que, especialmente durante a era cristã, antes e depois dela, eles se espalharam por todo o sul da Índia; mas se os considerarmos como são hoje em dia, embora sejam encontrados em outras partes, pode-se dizer que as províncias que mencionei incluem a maioria dos jainistas.

Existe uma questão com relação à casta que os separa do Hinduísmo. O *samnyasin* do jainista pode ser oriundo de qualquer casta. Ele não

[265] 3. 20.

está restrito, como no Hinduísmo ortodoxo comum, à casta dos brâmanes. O *yati* ou *samnyasin* pode ser oriundo de qualquer uma das castas, mas em regra vem da casta *vaishya*, sendo essa a predominante.

Durante muito tempo entre os eruditos ocidentais, o Jainismo foi considerado como derivado do Budismo. Isso é agora reconhecido como um erro, e ambas são igualmente aceitas como ramos da fé hindu mais antiga. Na verdade, existem grandes diferenças entre o jainista e o budista, apesar das similaridades do seu ensinamento. Porém, não existe qualquer dúvida de que o Jainismo na Índia é muito mais antigo que o Budismo. O último de seus grandes profetas foi contemporâneo de *Sākyamuni*, o Senhor Buddha; mas ele foi o último de uma grande sucessão, e simplesmente deu ao Jainismo sua forma final.

Os jainista consideram os mesmos vastos ciclos de tempo com os quais estamos familiarizados no Hinduísmo. Em cada ciclo – que se assemelha ao dia e à noite de Brahmā –, vinte e quatro grandes profetas vêm ao mundo; algo, embora não inteiramente, da natureza de avatares. Enquanto em alguns casos o hindu é avesso a admitir que nenhum outro senão o avatar é um homem perfeito, o jainista não tem dúvida alguma sobre isso.

Seus vinte e quatro instrutores – os *Tirthamkaras*, como são chamados – são homens perfeitos. A eles o jainista dá os muitos nomes que encontraremos aplicados no Budismo com sentidos algo diferentes. Fala deles como *Arhats*, *Buddhas*, *Tathāgata*, e assim por diante, mas acima de tudo como *Jinas*. O *Jina* é o homem que se tornou perfeito, que conquistou sua natureza inferior e que alcançou a divindade, em quem o *Jiva* assevera seus poderes supremos e perfeitos: ele é o *Ishvara* ou o Ser Supremo.

Temos as vidas desses *Jinas* no *Kalpa Sutra*. Somente a vida do vigésimo quarto e último é lá encontrada com algum detalhe, e até mesmo esse é muito limitado. Aquele que foi chamado *Mahāvira*, o poderoso herói, significa para o jainista o último representante dos instrutores do mundo.

Como foi dito, ele foi contemporâneo de *Sākyamuni*, e alguns dizem que foi seu parente. Sua vida foi simples, aparentemente com poucos incidentes, mas com grandes ensinamentos. Provindo das regiões mais sublimes para a sua última encarnação, aquela na qual deveria atingir a iluminação, ele primeiramente guiou sua trajetória para uma família brâmane onde, pelo que se conta, parece que pretendia nascer. Mas *Indra*, o Rei dos *Devas*, vendo a chegada do *Jina*, disse que não era certo que ele nascesse entre os brâmanes, pois o *Jina* tinha sempre sido *kshattriya* e por isso deveria nascer numa casa real. E assim, *Indra* enviou um dos *devas* para guiar o *Jina* até a família do Rei Sidhārta, na qual ele finalmente nasceu.

Seu nascimento foi cercado daqueles sinais de alegria e deleite que sempre anunciam a vinda de um dos grandes profetas da raça: as canções dos *devas*, a música dos *gandharvas*, flores caindo dos céus – coisas que sempre acompanham o nascimento de um dos salvadores do mundo. E assim, a criança nasceu em meio a esses júbilos. E como, após sua concepção, a família tinha crescido em riqueza e poder, eles o chamaram de *Vardhamāna* – o ampliador da prosperidade da família.

Quando menino e quando rapaz, ele foi sempre amável e obediente aos seus pais; mas no coração ele se lembrava do voto feito, há muitas vidas, de renunciar a tudo para alcançar a iluminação e se tornar um salvador do mundo.

Ele espera até que seu pai e sua mãe estejam mortos, para não lhes magoar os corações por ter de deixá-los; e então, com a permissão de seu irmão mais velho e dos conselheiros reais, ele parte cercado por uma multidão para adotar a vida asceta. Ele chega à selva, despe seus mantos e ornamentos reais, corta o cabelo, veste a roupa do asceta, manda embora a procissão real que o seguira, e entra sozinho na selva.

Lá, durante doze anos, ele pratica grandes austeridades, esforçando-se por compreender a si mesmo e a insignificância de todas as coisas com exceção do Eu. E no décimo terceiro ano, a iluminação desce sobre ele e a luz do Eu brilha sobre ele, o conhecimento do Supremo torna-se seu próprio conhecimento.

Ele se livra dos grilhões de *avidyā* e se torna o onisciente, o que tudo sabe; e então surge como Instrutor do mundo, ensinando durante quarenta e dois anos de vida perfeita.

Os nomes de alguns discípulos são dados, mas pouco nos dizem a respeito de sua vida e de seus ensinamentos. É como se o sentimento de que tudo isso é ilusão tivesse passado para o registro do Instrutor, de modo a tornar o ensinamento externo parecer como se nada fora e o próprio Instrutor parecer também como nada. E então ele falece depois de quarenta e dois anos de labor, em Papa, 526 anos antes do nascimento de Cristo. Assim, não existe muita coisa a dizer a respeito do Senhor *Mahāvira*; mas sua vida e sua obra são conhecidas na filosofia que legou ao mundo, embora a personalidade seja praticamente ignorada.

Quase mil e duzentos anos antes dele, dizem, veio o vigésimo terceiro dos *Tirthamkaras*; 84.000 anos antes dele, o vigésimo segundo; e assim por diante, retrocedendo no longo pergaminho do tempo, até que finalmente chegamos ao primeiro *Rishabhadeva*, o pai do Rei Bharata, que deu à Índia o seu nome. Aí, as duas crenças, Jainismo e Hinduísmo, juntam-se; e juntos, o hindu e o jainista reverenciam o Grande Ser que, dando nascimento a uma linhagem de reis, tornou-se o *rishi* e o instrutor.

Quando vimos olhar para o ensinamento a partir do exterior, encontramos cinquenta e cinco escrituras canônicas, análogas aos *Pitakas* dos budistas. São os *siddhānta*; foram coletados por Bhadrabāka e colocados sob a forma de documento escrito entre os séculos III e IV a.C. Antes disso, como era comum na Índia, eles eram passados adiante oralmente, com aquela maravilhosa exatidão de memória que tem sempre sido a característica da transmissão das escrituras indianas. Trezentos a quatrocentos anos antes do pretenso nascimento do Cristo, eles foram coletados e transcritos por Bhadrabāka – reduzidos, diria o Ocidente, a uma forma fixa. Mas sabemos muito bem que não foram mais fixados do que nas fiéis memórias dos pupilos que as receberam do Instrutor; e mesmo agora, como nos diz Max Mueller, se todos os *Vedas* estivessem perdidos, eles poderiam ser textualmente reproduzidos por aqueles que aprenderam a repeti-los.

Em 54 d.C, no Concílio de Valabhi, foi feita uma revisão dessas escrituras sob a supervisão de Devarddhigāmin, o *Buddhaghosha* dos jainistas. Existem trinta e cinco livros: onze *angas*, vinte e dois *upāngas*, dez *pakinnakas*, seis *cheya-suttas*, quatro *mula-suttas*, e dois outros sutras. Esses compõem o cânon da religião denominada Jainismo, a escritura oficial da fé.

Parece ter havido livros mais antigos do que esses que foram inteiramente perdidos; são chamados de *Purvas*, mas segundo dizem, nada se lhes sabe a respeito. Isso pode necessariamente não ser verdadeiro. Os jainistas são peculiarmente reservados a respeito de seus livros sagrados, e existem obras de arte literária na seita dos *digambaras* de que não são permitidas publicações. Não seria surpresa se nos anos vindouros muitos desses livros supostamente perdidos viessem à luz, quando os *digambaras* aprenderem que, exceto em casos especiais, faz bem divulgar as verdades. A disposição para esconder, além das fronteiras da discrição e da sabedoria, pode ser levada ao ponto de se tornar um vício.

Fora das escrituras canônicas, existe uma vasta literatura de *Purānas* e *Itihāsas*, muito semelhantes aos *Purānas* e aos *Itihāsas* dos hindus. Dizem, não sei se é verdade ou não, que elas são mais sistematizadas do que as versões hindus. O que fica claro é que em muitas das histórias existem variações. E seria uma tarefa interessante compará-las lado a lado para identificar essas variações e tentar encontrar as razões que lhes deram origem.

Agora temos de enfrentar uma vasta coleção de livros que, embora originários da comunidade jainista, tornaram-se propriedade comum de toda a Índia – gramáticas, léxicos, livros sobre retórica e sobre medicina. O famoso *Amarakosha*, por exemplo, é uma obra jainista que todo estudante de sânscrito estuda do início ao fim.

Os jainistas, como disse, seguiram para o Sul, espalhando-se através de toda aquela parte da península. Mas os encontramos concedendo reis a Madurai, a Trichinopoly e a muitas outras cidades no sul da Índia. Nós os encontramos também como fundadores da literatura *tâmil*. A gramática *Tâmil*, que dizem ser a gramática mais científica que existe, é uma produção *jaina*. A gramática popular *Nannool* de Pāvanāndi é jainista, tal como o é o *Nāladiyār*. O *Kural* do famoso poeta Tiruvalluvar, conhecido de todo sulista, dizem ser uma obra jainista, pois os termos que ele usa são jainistas. Ele fala dos *Arhats*, usa os termos técnicos da religião jainista, e por isso é considerado como pertencente à fé jainista.

O mesmo se diz da literatura de Kannada; e dizem que, a partir do século I ao século XII da era cristã, toda literatura de Kannada foi dominada pelos jainistas.

Então surgiu um grande movimento que se espalhou por todo sul da Índia, no qual os seguidores de *Mahādeva*, *Shiva*, pregavam e cantavam através do país, apelando para aquela profunda emoção do coração humano, *bhakti*, que os jainistas tanto tinham ignorado. Eles cantavam *strotas* sobre *Mahādeva*, enaltecendo seus louvores, curando doenças em seu nome. E antes dessas curas maravilhosas e do ímpeto de devoção despertado por suas cantigas e orações, muitos dos próprios jainistas foram convertidos, os remanescentes foram expulsos, de modo que no sul da Índia eles se tornaram quase extintos.

Eles permaneceram, no entanto, em Rajputana (Rajastão), e eram tão respeitados que Akbar, o magnânimo imperador muçulmano, publicou um decreto onde constava que nenhum animal deveria ser morto nas redondezas dos templos jainistas.

Os jainistas dividem-se em duas seitas – a *Digambaras*, conhecida no século IV a.C. e mencionada em um dos decretos de Asoka; e a *Shvetāmbaras*, aparentemente mais moderna. Esses últimos são agora muitíssimo mais numerosos, mas dizem que a *Digambaras* possui bibliotecas com número muitíssimo maior de obras sobre literatura antiga do que a seita rival.

Deixando o lado histórico, voltemo-nos agora aos seus ensinamentos filosóficos. Eles declaram duas existências fundamentais, raiz e origem de tudo que é, de *Samsāra*; estas são incriadas e eternas. Uma é *Jiva* ou *Ātman*, consciência pura, o Conhecedor; e quando o *Jiva* tiver transcendido *avidyā*, ignorância, então ele se realiza como o puro conhecimento que é, por natureza, e é manifestado como Conhecedor de tudo que é. Do outro lado está *dravya*, a substância, aquilo que é Conhecível. O Conhecedor e o Conhecível são opostos entre si, *Jiva* e *dravya*.

Deve-se pensar no *dravya* como estando sempre ligado ao *guna*, qualidade. E não apenas ao *guna*, mas também ao *paryāya*, modificação.

> Substância é o substrato das qualidades;
> as qualidades são inerentes numa substância;
> mas a característica dos desenvolvimentos é
> que são inerentes em ambos.
> *Dharma*, *Adharma*, espaço, tempo, matéria e
> almas (são os seis tipos de substâncias), eles
> compõem esse mundo, como foi ensinado pelos
> *Jinas* que possuem o melhor conhecimento[266].

[266] *Uttaradhyayana*, XXXVIII. 6, 7. Trad. do sânscrito por Hermann Jascobi.

Aqui temos a base de todo *Samsāra*; o conhecedor e o conhecível, *Jiva* e *dravya* com suas qualidades e modificações. Isso constitui tudo. A partir desses princípios surgiram muitas deduções, e eu apresento uma, tirada de um *gāthā* de Kundāchārya, que irá mostrar uma linha de pensamento que não é estranha ao hindu. De tudo, dizem eles, pode-se dizer que é, que não é, que é e não é. Eu tomo o próprio exemplo que lhes é familiar, um cântaro. Se pensarmos no cântaro como *paryāya*, modificação, então antes que o cântaro seja produzido, diremos: *syānnāsti*, não é. Mas se pensarmos nele como substância, como *dravya*, então ele é sempre existente, e diremos dele: *syādasti*, é; porém podemos falar dele como sendo *dravya* e *paryāya*, é e não é, e resumir tudo numa frase simples: *syādasti nāsti*: é e não é[267].

Essa é uma linha de raciocínio bastante conhecida. Podemos encontrar milhares de ilustrações desse modo de encarar o universo – cansativo talvez para o homem comum, mas iluminador e necessário para o metafísico e o filósofo.

Então chegamos ao crescimento, ou melhor, ao desabrochar do *Jiva*. O *Jiva* evolui, como é ensinado, por meio da reencarnação e do *karma*.

> O universo está povoado de inúmeras criaturas
> que estão nesse *Samsāra*, nascidas em diferentes
> famílias e castas por terem praticado várias
> ações. Às vezes elas seguem para os mundos dos
> deuses, às vezes para os infernos, às vezes
> tornam-se *Ashuras*, de acordo com suas
> ações. Sendo assim, os seres vivos de ações pecaminosas
> que nascem repetidamente em nascimentos que sempre se repetem não ficam desgostosos com *Samsāra*[268].

Ensina, exatamente como o faz o *Bhagavad-Gitā*, que o ser humano se degrada pela má ação; com a mistura de bem e mal, ele irá nascer como homem; ou, se purificado, nascerá como *deva*. É por meio de muitos nascimentos, de inúmeras experiências, que o *Jiva* liberta-se dos grilhões da ação.

---

[267] Relatório sobre o *Search for Sanskrit MSS*, do Dr. Bhandarkar, p.95.

[268] *Uttaradhyayana*, III. 2, 3, 5.

Dizem que há três joias, como as três *ratnas* dos budistas. São elas: o reto conhecimento, a reta crença e a reta conduta. Uma quarta joia é acrescida pelos ascetas: 'Aprendei a verdadeira estrada que leva à libertação final, que foi ensinada pelos *Jinas*; depende de quatro causas, e é caracterizada pelo reto conhecimento e pela fé: I. Reto conhecimento; II. Fé; III. Conduta; IV. Austeridade. Esta é a estrada ensinada pelos *Jinas* que detêm o melhor conhecimento'[269].

Por meio de reto conhecimento, reta crença e reta conduta, o *Jiva* evolui; e nos estágios finais, a essas coisas são acrescidas austeridades por meio das quais ele finalmente se liberta dos grilhões do renascimento.

O reto conhecimento é definido como sendo aquilo que acabo de dizer com relação a *Samsāra*; mais a diferença entre *Jiva* e *dravya*, e os seis tipos de substâncias: *dharma*, *adharma*, espaço, tempo, matéria, alma. Ele deve conhecer também as nove verdades; *jiva*, alma; *ajiva*, coisas inanimadas; *bandha*, aprisionamento da alma pelo *karma*; *punya*, mérito; *pāpa*, demérito; *āsrava*, aquilo que faz com que a alma seja afetada pelos pecados; *samvara*, evitar *āsrava* pela atenção; aniquilamento do *karma*; libertação final. Estas são as nove verdades[270].

Então encontramos uma definição para reta conduta. Reta conduta com desejo, que é *sarāga*, leva a *svarga* – ou leva o ser a se tornar um *deva*, ou leva à soberania dos *devas*, *ashuras* e homens, mas não à libertação. Somente a reta conduta livre do desejo (que é *vītarāga*) leva à libertação final.

À medida que acompanhamos o progresso do *Jiva*, encontramo-lo pondo de lado: *moha*, ilusão; *rāga*, desejo; *dvesha*, ódio; e, certamente, seus opostos (pois um não pode ser descartado sem o outro). Até que finalmente ele se torna o *Jiva* completo e perfeito, purificado de todo mal, onisciente, onipotente e onipresente, todo o universo refletido em si como num espelho, pura consciência, 'com os poderes dos sentidos, embora sem os sentidos'; pura consciência, o Conhecedor, o Supremo.

Temos assim um rápido esboço das visões filosóficas dos jainistas, certamente aceitáveis por todo hindu, pois em quase todos os pontos encontrareis praticamente a mesma ideia, embora às vezes colocada algo diferente.

[269] Ibid., XXVIII. 1, 2.
[270] Ibid., XXVIII. 14.

Vejamos mais de perto a reta conduta, pois aqui a prática jainista é especialmente interessante; e sábias são muitas de suas maneiras de lidar especialmente com a vida do leigo.

Os jainistas estão divididos em dois grandes grupos: os leigos, que são chamados *shrāvakas*, e os ascetas, os *yati*. Eles possuem diferentes regras de conduta somente no sentido em que o *yati* leva à perfeição para a qual o leigo está apenas se preparando em nascimentos futuros. Os cinco votos do *yati* também se vinculam ao leigo, até certo limite. Para dar um exemplo simples: o voto de *brahmacharya* impõe absoluto celibato ao *yati*, enquanto que para o leigo significa apenas temperança e castidade apropriada na vida de um *grihastha*.

Desse modo, os votos andam lado a lado: *ahimsā*, inofensividade; *sūnrti*, veracidade; *asteya*, não pegar aquilo que não lhe pertence; probidade; honestidade; *brahmacharya*; e finalmente *aparigraha*, nada desejar, ausência de ganância. No caso do leigo, isso quer dizer que ele não deve ser cobiçoso nem cheio de desejos; no caso do *yati,* significa que ele renuncia a tudo e não conhece nada como sendo 'meu'. Esses cinco votos governam a vida do jainista.

Muito marcante é a tradução que dão à palavra *ahimsā*, inofensividade: 'não matarás'. A tal ponto eles a adotam em suas vidas, a tal extremo, que vão às vezes quase além das fronteiras da virtude; vão, poderia dizer um crítico severo, às raias do absurdo, quando a vida de um mosquito é às vezes tratada como se fosse mais elevada que a vida de um ser humano. Todavia, podemos ver nisso um protesto contra o descuido com relação à vida animal e com o sofrimento animal, tão difundido entre os homens. Embora possamos talvez sorrir quando ouvimos falar em respirar somente através de um tecido – como faz o *yati*, de modo que nada vivo possa penetrar os pulmões; filtrar toda a água e não cientificamente fervê-la – criaturas vivas estão certamente sendo mortas dessa maneira –; o sorriso será amável, pois as intenções são belas.

Ouçamos por um momento o que disse um *Jina*, e queira Deus que todos os homens adotem isso como regra de vida: 'O venerável Ser declarou. (...) Tal como é a minha dor quando sou golpeado ou atingido com uma vara, arco, soco, pedra ou caco; ou ameaçado, surrado, queimado, atormentado ou morto; e tal como sinto toda dor e agonia, desde a morte até o arrancar de um fio de cabelo; da mesma maneira, pode ter certeza, todos os tipos de seres sentem a mesma dor e agonia, tal como eu, quando em vida são maltratados da mesma maneira. Por esta razão, todo tipo de ser vivo não deve ser surrado nem tratado com violência nem abusado nem atormentado nem morto. Digo que os *Arhats* e *Bhagavats* do passado, presente e futuro, todos dizem assim, falam assim, declaram assim, explicam assim; todo tipo de ser vivo não deve ser morto nem tratado com violência nem abusado nem atormentado nem afugentado. Esta lei verdadeira, constante, permanente, eterna, tem sido ensinada por homens sábios que compreendem todas as coisas'[271].

Quanto a mim, posso olhar com compaixão até mesmo o exagero do jainista, que tem uma base tão nobre, tão compassiva. E digo que o sentimento de amor, embora não o exagero, deve governar os corações dos homens e das mulheres de todas as crenças atuais.

Depois temos a austera regra de que nenhuma bebida ou droga inebriante deve ser tocada; não é permitido nada como *bhang**, ópio ou álcool. Comidas proibidas incluem o mel e a manteiga, porque na obtenção do mel as vidas das abelhas são frequentemente sacrificadas. E encontramos na vida diária do jainista regras estabelecidas para o leigo sobre como ele deve começar e terminar cada dia:

'Ele deve levantar-se pela manhã bem cedo e então repetir silenciosamente os mantras, contando as repetições nos dedos; depois deve perguntar a si mesmo: o que eu sou, quem é meu *Ishtadeva*, quem é meu Gurudeva, qual é a minha religião, o que devo fazer, o que não devo fazer?' Esse é o começo de cada dia, o cômputo da vida, por assim dizer; o reconhecimento cuidadoso, autoconsciente da vida. A seguir, deve pensar nos *Tirthamkaras*, e então deve fazer certos votos. Até onde eu sei, esses votos são agora peculiares aos *Jinas*, e têm um objetivo que é louvável e bastante útil.

Um homem, ao seu critério, faz algum pequeno voto sobre algo absolutamente sem importância. Ele poderia dizer pela manhã: 'Durante

---

[271] *Uttaradhyayana*, Liv. II. I. 48, 49.

* Preparado de folhas e sementes da planta *canabis* que pode ser fumado, mascado, comido ou feito de infusão e bebido para obter um estado de euforia. (N.E.)

o dia de hoje não me sentarei mais do que certo número de vezes'. Ou poderia dizer: 'Durante uma semana não comerei tal e qual verdura'. Ou: 'Durante uma semana, ou dez dias, ou um mês, guardarei uma hora de silêncio durante o dia'. Isso é para que ele possa estar consciente de si mesmo e jamais perder o controle sobre o corpo. Isso refreia a negligência e a excitação; refreia aquele descuido continuado que é uma das ruínas da vida humana. Um menino educado dessa maneira não é descuidado. Ele sempre pensa antes de falar ou agir; o seu corpo aprende a seguir a mente e a não se adiantar a ela, como frequentemente acontece. Se nos treinamos desde a infância a jamais falar ou agir sem pensar, sem luta ou esforço, a negligência é destruída.

Certamente que existem votos muito mais sérios do que esses feitos pelo leigo; por exemplo, o jejum é estrito e severo, cada detalhe cuidadosamente delineado nas regras. Deixe-me acrescentar que quando encontramos jainistas, descobrimos que eles, em regra, são como deveríamos esperar devido a esse treinamento – sossegados, autocontrolados, plenos de dignidade, algo silenciosos, algo reservados[272].

Passemos do leigo para o asceta – o *yati*. Suas regras são muito severas. Incluindo muito jejum, levados muitíssimo a sério, tal qual o jejum dos ascetas hindus. Entre os *digambaras* não há mulheres ascetas, e a concepção que têm das mulheres é no todo talvez não muito cortês. Entre os *svetambaras*, no entanto, há tanto homens quanto mulheres ascetas, sujeitos às mesmas regras severas de mendicância e de renúncia à propriedade. Uma regra sábia é que o asceta não deve renunciar a coisas sem as quais não possa progredir. Portanto, ele não deve renunciar ao corpo; deve pedir alimento suficiente para mantê-lo, pois somente num corpo humano pode ele obter a libertação. Não deve renunciar ao Guru, porque sem o ensinamento do Guru não consegue trilhar o fio da navalha; nem à disciplina, pois se renuncia a isso, o progresso será impossível; nem ao estudo dos Sutras, pois isso também é necessário para sua evolução.

Mas afora estas quatro coisas – o corpo, o guru, a disciplina e o estudo –, não deve haver nada de que ele possa dizer: 'Isso é meu'. Diz um

[272] Os detalhes fornecidos aqui são na maior parte do *Jainatattvadarsha* de Muni Ātmārāmji, e foram traduzidos do *prakrit* para mim (A.B.) pelo meu amigo Govinda Dāsa.

instrutor: 'Ele não deve falar sem ser perguntado; e ao ser perguntado, não deve mentir. Não deve dar vazão à sua ira; e deve suportar com indiferença as ocorrências agradáveis e desagradáveis. Submeter o eu, pois o eu é difícil de se submeter. Se submeteres o teu eu, serás feliz nesse mundo e no próximo'[273].

As mulheres ascetas, vivendo sob as mesmas severas regras de conduta, têm um dever que é certamente sábio. É dever das mulheres ascetas visitar todos os domicílios dos jainistas e ver se a mulher jainistas, as esposas e as filhas são adequadamente educadas e instruídas. Elas põem grande ênfase na educação das mulheres, e um grande trabalho da mulher asceta é fazer com que isso seja levado a cabo.

Isso é algo que os hindus poderiam muito bem pedir emprestado aos jainistas, de modo que as mulheres hindus pudessem aprender dos ascetas de sua própria religião sem o risco de perder a fé ancestral.

E então, como deve o asceta morrer? Ele não deve esperar até que a morte o toque; mas quando chegou àquele ponto de não mais poder progredir naquele corpo, ele deve pô-lo de lado e deixar esse mundo por inanição voluntária.

Esse é um relato breve e muito imperfeito de uma religião nobre, de uma grande fé e que é praticamente, em quase todos os pontos, una com a religião hindu.

Que cada homem de sua própria fé ensine ao ignorante a amar, e não a odiar. Que ele enfatize os pontos que nos unem, e não os que nos separam. Que nenhum homem que chame a si mesmo de teosofista, amante da Sabedoria Divina, jamais ouse dizer uma palavra de aspereza com relação a qualquer fé que Deus tenha dado ao homem, pois todas provêm dele e a ele todas retornam.

[273] Uttarādhyayana, 1. 14, 15.

SIQUISMO

SIGNIFICADO DO SÍMBOLO

KHANDA: O símbolo é a fusão de quatro armas, cada uma com seu significado: no centro uma espada de dois gumes (chamada *Khanda*, de onde surgiu o nome do símbolo) que simboliza a criatividade e o poder divino; ao redor do *Khanda* está o *Chakkar*, arma com forma circular que representa a perfeição de Deus; e duas espadas chamadas de *Kirpans* em torno do *Khanda* e do *Chakkar*: a espada esquerda representa o *pin* (o poder espiritual) e a espada direita o *min* (o poder temporal).

Ao lidarmos com o Siquismo, enfrentamos o que pode ser chamado de movimento duplo. Essencialmente religioso nos seus primórdios, ele foi forçado pela pressão das circunstâncias a se tornar uma organização militante. Ao pensar no *sique*, a maioria das pessoas pensa num galante guerreiro, um bravo soldado. Mas erraremos seriamente se o considerarmos apenas ou mesmo fundamentalmente como um lutador. O movimento em si é essencialmente religioso. Cresceu em meio ao Hinduísmo, tendo por ideal reunir hindus e muçulmanos numa liga de amor a Deus e de serviço ao homem. O pensamento do Guru Nānak – como encontramos expresso não apenas em suas palavras, porém muito mais em sua vida – era reunir esses elementos guerreiros do povo indiano numa plataforma que ambos pudessem aceitar.

Essa plataforma é *bhakti* ou devoção a Deus. O nome *sique* vem da palavra '*shishya*', discípulo, e assim o amor a Deus e ao Instrutor são a própria base e raiz do Siquismo.

Em sua filosofia, é hindu; mas como movimento, é de natureza reformatória, buscando encontrar sob o formalismo e o ritualismo da época a vida que jaz sob a forma, a essência da verdade que inspirara as cerimônias. Na época do Guru Nānak, como com tanta frequência ocorre na história do mundo, uma grande religião tornara-se cada vez mais formal, e os homens tinham fome por comer a casca do grão em vez de comer o próprio grão.

Guru Nānak buscou encontrar o grão e, ao assim fazer, lançou fora, em grande parte, a casca. Ele se esforçou para que os homens vissem a realidade da religião, a vida religiosa, sua essência, e encontrassem aquela vida e aquela essência no amor a Deus e ao Guru, no amor aos homens como filhos do único Deus. Quase se poderia sintetizar nessa frase a própria essência do Siquismo.

Logo descobriremos como ele tentou reunir os elementos guerreiros à sua volta. Veremos como sua vida foi uma canção de louvor e amor a Deus, como ele estava sempre a buscar o Supremo; e tendo-O encontrado, esforçou-se por ensinar a seus seguidores como também eles, pela devoção, poderiam atingir a mesma meta.

Houve dez Gurus, um após outro, em sucessão ininterrupta. Guru Nānak (1469-1539) foi o primeiro, o mais puro, o mais santo e o mais nobre de todos – o coração e a alma do movimento. Guru Angad (1539-1552), de quem pouca coisa se fala exceto que reuniu muitas das canções e dos ensinamentos de seu predecessor, e assim começou a compilação das escrituras *sique*, o *Ādi Grantha Sāhib*. Guru Amar Dās (1552-1574), que conferenciou com o Imperador muçulmano Akbar sobre temas religiosos, mostrando como o espírito do Guru Nānak ainda governava e que uma tentativa estava sendo feita para trazer a paz entre as crenças rivais do Hinduísmo e do Islamismo. A seguir vem o Guru Rām Dās (1574-1581), ainda em termos de amizade com o magnânimo e liberal Akbar, que lhe dá o terreno em Amritsar onde ele desenterrou o famoso tanque. O quinto, Guru Arjunmal (1581-1606), construtor do Templo Dourado, que deu aos *siques* um centro, um lar e um local de reunião.

O templo é primeiramente dedicado a Hari (Hari Mandir, como foi chamado), pois o Guru Nānak sempre ensinou que no nome de Hari estava a salvação. Depois ele se tornou o Dārbar Sāhib. Agora os *siques* começam a se reunir em volta de seu templo e a formar uma comunidade definida. Arjunmal, o instrutor religioso deles, torna-se o chefe da comunidade religiosa organizada, reunida num local especial – o início do Estado *sique*. Sua maior obra é reunir os ensinamentos de seus predecessores; e é ele quem compila o *Ādi Grantha Sāhib* a partir das canções e dos ensinamentos dos Gurus precedentes e das canções dos santos no movimento *sique*.

Agora vem o primeiro detalhe que fala da luta futura. Jehāngir está no trono de Akbar, menos liberal, menos magnânimo que seu predecessor. Seu filho rebela-se contra ele. Guru Arjunmal, aparentemente sem qualquer razão ou por uma razão que realmente não o seria, foi acusado de simpatizar com o filho rebelde. A raiz da acusação parece ter repousado na raiva e no ciúme do poderoso ministro a quem ele recusara sua filha em casamento; e esse ministro, acirrando as suspeitas de Jehāngir contra ele, induz o Imperador a deter o Guru e a aprisioná-lo. Ele morre das provações do aprisionamento.

Esse é o ponto onde a comunidade, que fora puramente religiosa e pacífica, começa a ser guiada, por esse ultraje a seu Instrutor e Legislador, ao longo do caminho que irá forjá-la como um grande grupo militar. Jehāngir é sucedido pelo Xá Jahān e posteriormente por Aurangzeb, e as coisas tornam-se cada vez piores sob o comando daquele fanático dirigente.

O sexto, Guru Har Govind (1606-1645), começa a organizar seus seguidores para se defenderem. Ele os reúne num grupo para não mais se juntar a hindus e muçulmanos, mas um grupo à parte e separado de ambos.

O Estado *sique* está começando a emergir, e agora existe guerra e luta, que muito contribui para unir os *siques* cada vez mais firmemente num grupo de lutadores.

O sétimo, Guru Har Rai (1645-1661), de quem pouco se sabe, é sossegado e pacífico, mas à sua volta a luta continua; guerra, crescente espírito militar, até que o lado religioso quase fenece na ribalta, exceto pela inspiração e pela força unificadora que esse mesmo lado religioso oferece.

Então surge Guru Har Kishan (1661-1664), uma criança com apenas seis anos de idade. Ele morre com a idade de 9 anos e é sucedido pelo nono Guru, Tegh Bahadur (1664-1675).

Sua vida é muito atribulada, e ele é cruelmente assassinado por Aurangzeb. Ele é sucedido por seu filho, o décimo e último, Guru Govind Singh (1675-1708), que dá aos *siques* sua grande organização militar e os transforma num grupo que, sob o governo de Ranjit Singh, erigiu o Império *sique* no Punjab.

Olhemos para esse décimo Guru mais atentamente. Um simples menino, ele foge para salvar sua vida após o assassinato de seu pai, e durante mais de vinte anos permanece em retiro, elaborando sua missão. Naturalmente, ele pondera a respeito do assassinato do pai; naturalmente, ele está aborrecido contra os inimigos do seu pai; o ódio aos muçulmanos parece tornar-se quase um dever para o Guru, e portanto para o *sique*. A velha amizade havia acabado.

Então, durante cerca de mais ou menos vinte anos ele medita sobre a tarefa que jaz ante si, imaginando seu papel como instrutor religioso, porém ainda mais como líder militar. E, finalmente, está pronto para a missão de sua vida. Está determinado a separar os *siques* de toda possibilidade de tumulto com homens de qualquer outra fé. Ele chama a si cinco discípulos devotos; e com esses cinco homens e ele mesmo ao centro, institui a cerimônia do *Pahul*, uma iniciação simples, guerreira.

Sua esposa, por acaso, ia passando com cinco tipos de compotas, e ele pega um pouco de cada uma e as joga dentro de um pouco d'água. Ele revolve a água com uma adaga de dois gumes, salpica a água sobre os cinco homens, e cada um deles bebe-a. Depois eles, por sua vez, a salpicam e lhe dão para beber; e ele os proclama os *Khālsā*, os puros, e lhes ordena que adicionem a seus nomes o complemento *Singh*, o leão.

Esses são os primeiros discípulos iniciados, destacados de todos os outros por sinais especiais que todo *sique* deve carregar consigo. Os cabelos longos, separando-o do hindu barbeado; o pente; a adaga ou faca de dois gumes; o bracelete de aço; as calças curtas, alcançando até os joelhos. Estas são as cinco marcas – os cinco *Ks* como são chamados, porque cada um começa com a letra *K* no vernáculo – que separa cada *sique* de todos os outros, e que os verdadeiros *siques* ostentam hoje em dia. Onde quer que cinco *siques* estejam reunidos, dizia ele, lá estaria seu espírito, e lá o poder da iniciação. Ele deve ser o último dos Gurus; após ele não deve haver nenhum outro instrutor. O poder deve jazer nos *Khālsā* para ser exercido pelo conselho dos chefes, o Guru Mātā; a autoridade está no livro sagrado que, posteriormente, Guru Govind complementa.

Guru Govind é agora o chefe guerreiro, e os *siques* acorrem para seu estandarte. Ele forma um grande exército; seus homens são conhecidos por sua maravilhosa coragem, pela maneira como enfrentam grandes dificuldades em batalha; a mesma paixão, que víamos animando os muçulmanos e suas conquistas, é vista também nos guerreiros *siques*, que morriam tão jovialmente como outros homens viviam. Não é de admirar que de início eles levassem tudo de roldão; todavia, após muita luta, depois de tudo, sendo poucos em meio a miríades de inimigos, nós os encontramos desbaratados por esmagadora maioria, pois esses poucos se tinham colocado contra o poderoso Império Muçulmano do Norte.

Eles podem ser poucos contra uma multidão, mas jamais perdem a coragem, jamais se abatem. Seu Guru está com eles aonde quer que vão; e onde ele estiver, eles estão confiantes. Ele é repetidamente derrotado, até que finalmente, por um poderoso esforço, ele se volta e rechaça as tropas inimigas; eles não mais o perseguem. O local onde foi travada aquela batalha salvadora é chamado O Poço da Salvação.

É depois disso, para encorajar seus seguidores, que ele edita a última das escrituras *sique*: *The Book of the Tenth King*, ou [*The Book of the Tenth*] *Guru*, *Daswin Pādshāhi*, a conclusão do *Ādi Grantha Sāhib.*

Então, virá o fim. Há uma discussão com um *pathān* sobre um trivial assunto comercial, mas o homem ameaça sua vida, e o Guru o mata. Os filhos do morto chegam e ele se dirige a eles com gentilezas e favores. Lembrando o assassinato de seu próprio pai, ele se compadece dos filhos cujo pai matara; toma-os a seu serviço em confiança. Finalmente, ele sabe que sua hora soou. Fala com um desses jovens filhos a respeito do dever de vingança, sobre a morte do matador do parente, e o provoca a desferir seu próprio golpe mortal. Ele salva o seu assassino do ódio de seus seguidores, dizendo que ele simplesmente vingara o sangue do pai e deve seguir em liberdade. Ele lhes ordena seguirem as Escrituras e serem fiéis aos *Khālsā*, e morre.

Após sua morte não há mais Instrutores; e a autoridade jaz agora com o *Ādi Grantha Sāhib,* o conselho de chefes, e os *Khālsā*. Esta é a totalidade da comunidade dos *siques*, na qual não deveria haver diferença de casta, não deveria haver diferença entre homem e homem – todos deveriam ser irmãos e iguais.

Segue-se então uma brilhante história de luta e sucesso militar coroada finalmente pelas vitórias de Ranjit Singh (1797-1839), que praticamente faz do Punjab o Império *sique*.

Após sua morte, em 1839, esse império submergiu numa triste história de infidelidade, de traição, de homens bravos enganados e vendidos, lutando ainda desesperadamente contra todos. Jamais houve uma história mais heroica de homens valentes lutando contra opressiva desigualdade. O seu próprio heroísmo não conseguiu salvá-los, e o Punjab passou para as mãos das tropas britânicas em 1849. Deixemos isso e vejamos qual foi a fé que deu ao Siquismo o seu poder de união, seu heroísmo, sua força. É a vida e o ensinamento do Guru Nānak, o mais doce dos personagens e o mais santo dos homens.

Desde a infância ele se destacara – como se destacam todos os profetas de Deus – como sendo diferente de seus companheiros. A história de sua infância não é agitada, mas é peculiar. Ele nasceu numa família de pessoas boas com características comuns. Ele era como uma jovem águia no ninho de um pardal – os pardais não entendiam a águia e não conseguiam compreender que tipo de criatura era aquela. Quieto, reservado, silencioso, afastava-se para meditar enquanto os outros meninos estavam a brincar, e não participava das brincadeiras. Nem aprendia como o faziam as outras crianças, pois queria que o instrutor explicasse o significado místico das letras, e aborrecia o *pandit* fazendo perguntas que o bom homem não conseguia responder! Ele queria saber o que estava dentro, não conseguia satisfazer-se com o que estava fora. Não existe nada mais incômodo para o homem e a mulher comuns do que ser pressionado com perguntas quanto às realidades. E assim Nānak, na sua infância, foi uma grande provação para seu pai.

Certamente que ele deveria ser maluco: sentava-se durante horas para meditar, não se alimentava; certamente que deveria pelo menos estar com febre. Eles chamam um médico para assisti-lo. Nānak pergunta ao médico se ele pode curar as doenças de sua alma ou vê-lo quando a cerimônia do fio sagrado estivesse para ser efetuada. Quando tudo estava pronto e o *Purohit* [o sacerdote da família] estava para investi-lo com o fio, Nānak virou-se e perguntou: 'Diga-me, *Panditji*, qual a finalidade desse fio? Quais são os deveres do homem que o veste? Por que é necessário usá-lo?'

'Não é permitido a ninguém efetuar qualquer cerimônia sacrificial sem usá-lo', disse o *Purohit*, que era simplesmente um *pandit* da aldeia, e não conhecia a significação secreta do fio sagrado. 'Esse fio purifica quem o usa e habilita-o a frequentar e efetuar todas as cerimônias'.

'Se um homem que colocou esse fio sagrado', disse Nānak, 'não muda suas maneiras e leva uma vida impura, esse fio afinal o purifica e o ajuda de qualquer maneira? Ele não colhe o fruto de suas ações?'

'Eu não sei', respondeu o *Purohit*, 'mas está ordenado nos *Shāstras*, e devemos seguir nossos antepassados'.

'Do algodão da compaixão tece o fio do amor; faze os nós de abstinência e verdade; deixa tua mente vestir esse fio; ele não está partido, nem maculado, nem queimado, nem perdido. Louvado sejam aqueles que o usam', disse Nānak.

'Disseste-o bem', disse o *Purohit*, 'mas olha para toda despesa e trabalho por que teu pai teve que passar; vide todos esses amigos e parentes; eles ficarão desapontados se tu não o usares'.

'Eu verdadeiramente sinto muito não poder satisfazê-lo', diz Nānak; 'Não posso usá-lo, e eu lhe aconselho também a pensar mais a respeito da essência das coisas do que na forma. Somente por meio da verdadeira convicção obtém-se o respeito, e é louvando a Deus e vivendo com sinceridade que o homem alcança a perfeição'.

Finalmente, sua mãe lhe implorou pelo bem que tinha a ela que ele não a desapontasse. Então Nānak disse simplesmente: 'Mamãe, eu obedeço'. Ele pegou o fio e o colocou[274].

Aí temos uma história muito característica desse jovem com a marca do Profeta sobre ele, sempre buscando a verdade interior através das aparências exteriores.

Enquanto jovem, ele é ainda um filho que não satisfaz o seu bom e obtuso pai. Ele não se engaja na agricultura, não monta uma loja, não viaja a negócios. Seu comércio consiste em dar dinheiro, ou melhor, alimento, aos *samnyāsins* – o que seu pai pensa ser altamente inadequado, mas Nānak pensa que é a melhor troca que pode ser feita. O que se fazer com um jovem assim? Seu pai o envia a sua irmã e ao marido dela que o amam. Posteriormente, ele assume a responsabilidade de trabalhar sob as ordens de um *Nawāb* e o serve bem e fielmente. Mas finalmente ele se cansa do mundo e toma a determinação de largar o serviço, deixar a vida no lar no qual entrou, e viajar em busca de Deus e da realização do seu amor.

Há outra cena característica. O Nawāb manda chamar o jovem, e durante certo tempo ele não vem. O Nawāb fica zangado porque ele não veio imediatamente.

'Agora não sou mais seu criado, Nawāb Sāhab', foi a resposta de Nānak. 'Agora eu sou um servo de Deus'.

'Você acredita em um Deus ou em muitos deuses?', perguntou o Nawāb.

'Eu acredito em apenas um Deus, adorável, indivisível, autoexistente, incompreensível e onipresente', respondeu Nānak.

'Então, já que você acredita em um Deus e eu também acredito em um

[274] *The Life of Guru Nānak,* de Jogendra Singh, na Central Hindu College Magazine, Benares.

Deus, o seu Deus deve ser o mesmo que o meu; e então se você for um verdadeiro religioso, venha comigo à mesquita e faça suas orações conosco'.

'Estou pronto', disse Nānak.

Seu sogro ficou mudo de surpresa, e imediatamente deixou a corte acreditando que Nānak abraçara o Islamismo.

Era sexta-feira, e como a hora da oração estava próxima, o Nawāb levantou-se e, acompanhado de Nānak, seguiu para a mesquita. Quando o Kāzi começou a repetir a oração, o Nawāb e seu grupo começaram a cerimônia usual de se curvar, mas Nānak permaneceu de pé em silêncio. Quando as orações terminaram, o Nawāb virou-se para Nanāk e perguntou indignado: 'Por que você não executou as cerimônias de praxe? Você é um mentiroso e suas pretensões são falsas; você não veio aqui para ficar de pé como uma tábua'.

'Você encostou o rosto na terra', observou Nānak, 'enquanto sua mente estava divagando pelos céus; você estava pensando em conseguir os cavalos de Kāndahār, não em oferecer orações; e o seu sacerdote, Senhor, enquanto se curvava de modo automático, estava pensando na segurança da égua que pariu no dia anterior. Como posso oferecer orações com aqueles que efetuam a cerimônia do curvar-se de modo costumeiro e repetem palavras como um papagaio?'

O Nawāb reconheceu que estava realmente pensando em conseguir cavalos, e o tempo inteiro enquanto rezava o pensamento o incomodava. Mas o Kāzi ficou grandemente chateado, e voltando-se para Nānak fez uma torrente de perguntas'[275].

Mais uma vez o espírito de buscador da realidade. Nānak começa agora suas viagens, cantando com um músico Mardāna e um amigo Bālā. Numa aldeia, um homem pobre, *lālu*, carpinteiro, homem de vida pura, dá as boas vindas ao *samnyasin* andarilho, oferece-lhe sua própria cama, traz-lhe comida quente, e Nānak come. No dia seguinte, um rico banqueiro da cidade dá uma grande festa em homenagem aos brâmanes e convida Nānak para vir comer com eles. Nānak vai, mas não come da comida. Diz o anfitrião: 'Por que não comeste da minha comida?'

'Porque', disse Nānak, 'sua comida não é pura, pois você a cozinhou

[275] Ibid.

para autoglorificação; é um presente de *tamas*, e portanto impuro'.

'Você diz que minha comida é impura enquanto a comida da casta *lālu* inferior é pura? Como assim?', perguntou Rai Bhag desdenhosamente.

'Você trata seus convidados de maneira irreverente e desdenhosa', disse Nānak; 'isso mostra seus objetivos em *tamas*. Eu comi a comida cozida pelo *lālu*, pois foi cozida com amor e trazida com reverência, sem nenhum desejo de retribuição. Você deve aprender a lição com o humilde *lālu*. Sua comida está cheia de sangue'.

'Que prova tens de que minha comida é impura?', perguntou Rai Bhag aborrecido.

Nānak pegou a comida de Rai Bhag numa das mãos enquanto na outra pegou a comida cozida pelo *lālu*; e à medida que espremia a comida de Rai Bhag, gotas de sangue pingavam, mas da comida do *lālu* escorreu leite[276].

Tal era o modo como Guru Nānak ensinava – ensinamento sempre calcado na realidade e expondo o que fosse mera exibição. Os homens discutem querendo saber se ele foi hindu ou muçulmano, mas ele estava acima das distinções dos credos externos; ele amou todos os homens e não dava a si mesmo nome algum. Quando morreu, depois de setenta e dois anos de vida nobre e de ensinamentos inestimáveis, os seus discípulos questionavam a respeito da fé a que ele realmente pertencera; deveria ser cremado como hindu ou enterrado como muçulmano? E enquanto discutiam, um deles levantou o lençol que cobria o cadáver e o corpo tinha desaparecido; e assim ele não foi nem enterrado nem cremado!

Tal era o espírito do grande Instrutor, como é revelado em sua vida e conduta e nos ensinamentos que deixou atrás de si. Eles mostram o espírito que o movia – aquela profunda devoção ao Supremo, aquele amor a Deus que os homens do mundo chamam de loucura; aquela paixão e devoção que os santos de todas as eras e de todas as religiões sentiram. Filosoficamente, ele era hindu; sua nota básica é sua aversão à impostura.

Tomemos o seu ensinamento e o ensinamento de seus sucessores, e vejamos como instruíram e o espírito do ensinamento. Eu tenho aqui uma grande quantidade de extratos do *Ādi Grantha Sāhib*, classificada sob

[276] Ibid.

certos títulos sobre os quais requisitei ensinamento *sique* específico[277].

Primeiramente, quanto ao Supremo. 'Tu és Eu, Eu sou Tu. De que tipo é a diferença?' 'Em tudo habita o Uno, o Uno está contido'. 'Ele próprio é Uno, e Ele próprio é muitos. Ele não morre nem perece. Não vem nem vai. Nānak diz que Ele está sempre contido em tudo'.

Captamos o eco dos *Upanishades* em linguagem mais popular, o pensamento profundo da filosofia hindu colocado numa forma mais popular.

> Um Omkāra, verdadeiro Nome, Criador, Espírito,
> destemido, não malévolo, Forma eterna. De nenhum
> ventre, autoexistente, grande bem-aventurança [ou através
> do favor do Guru] [a ser realizado]. Verdadeiro desde antes;
> verdadeiro desde antes das eras [*yugas*]; verdadeiro
> é e verdadeiro será, ó Nānak;

Japa I

> Não sinalizado, para que ninguém possa atravessar, inalcançável
> [ou incognoscível]; nenhum objeto [para os sentidos];
> intocado pelo tempo ou pela ação; de essência
> não nascida; de nenhum ventre; autoexistente;
> incondicionado; resoluto; possa eu para esta
> real veracidade ser sacrificado.
> Ele não tem forma, nem cor, nem esboço; pela
> Palavra verdadeira ele deve ser assinalado. Ele não tem

[277]Agradeço a Sārdars Umrao Sing e Harbans Singh, que selecionaram as passagens ilustrativas e as traduziram. A verificação das referências pode ficar mais fácil pelo acréscimo da descrição do conteúdo do *Ādi Grantha Sāhib*, tirado da *History of the Siques*, de J. D. Cunnigham, segunda edição, pp. 368-371. O *Ādi Grantha Sāhib* é dividido em partes, a saber: *Japti*, ou *Guru Mantra*, de Guru Nānak; *Sodur Rehi Ra,* de Guru Nanak, com acréscimos; *Kirtan Sohila*, de Guru Nānak, com acréscimos. 31 seções em forma de verso: *Shri Rāga*, *Todi*, *Tokkāri*, *Majh*, *Bairāri*, *Kedara*, *Gauri*, *Teilang*, *Bhairo*, *Āsa*, *Sodhi*, *Basant*, *Gujri*, Bilawal, Sarang, Deva Gandhāri, Gand, Mulār, Bihāgrā, Rām Kali, Kanrā, Wiad Hans, Nat *Nārāyan*, *Kalyān*, *Sorath*, *Mati Gaura*, *Parbhati*, *Dhanāshri*, *Maru*, *Jai Jaiwanti*, *Jeit Siri*. *Bhog*. *Bhog ka* Bānee.

mãe, pai, filho, nem parente, nem luxúria, nem esposa, nem clã; inalterado [por *māyā*]; intranscendível; mais elevado que o mais elevado; Tu, luz de tudo; *Brahm* o culto em todos os cântaros; Sua luz completa em cada veículo [coração].

Pelo ensinamento do Guru os portais adamantinos se entreabrem, com olhar destemido firmemente fixado. Tendo criado seres, Ele colocou acima deles o tempo [morte], e manteve todo o regulamento sob [Seu] controle. Pelo serviço ao Guru [eles] encontram a verdadeira riqueza; agindo segundo [Sua] palavra [eles] obtêm a liberdade. Num vaso puro [coração] somente a Verdade pode viver; raros são aqueles de pura conduta. Essência fundida na mais elevada Essência; Nānak em Ti se encontra refúgio.

Sorath I

Eu me curvo [ou glorifico] o primevo Ser,
Omkāra;
Que espalhou [esta] água, terra e céu;
O primeiro Espírito, não manifestado, imperecível;
Cuja luz ilumina os quatorze *lokas*;
Residindo no elefante e na formiga conjuntamente;
Que reconhece como igual o governante e o indigente;
Da dualidade da forma; o Espírito sem mácula
Conhecendo diretamente; o controlador interno de
cada [coração].

Guru

Ele próprio, o Sem-forma [e] a Forma; Aquele Ser
Sem qualidades e com qualidades; só se fala do Uno,
ó Nānak. Aquele Uno sozinho é muitos.

Guru V Bavanakhhri

Parabrahman, o Senhor Supremo, não penetra em úteros.
Com Tua palavra criaste Tua criação, e
Após a ter criado Tu a penetraste.
Tua forma não podia ser vista,
Como vou meditar em Ti?
Tu atuas em tudo; Teu poder mostra [isso];
Teu amor preenche tesouros que são inesgotáveis;
Estas joias [de paz, etc.] são inestimáveis.

Guru V Var-Maru

Incontáveis [lit. *crores*] Avatares de *Vishnu*
Tu criaste.
Incontáveis Brahmāndas são o habitat de
Tua Lei;
Incontáveis *Maheshvaras* são criados e
Absorvidos;
Incontáveis Brahmas Tu ajustastes para modelar os mundos;
Tão rico é o meu Senhor;
De cujas grandes qualidades não consigo falar em detalhes;
Frequentado por incontáveis *māyās*.
[Os corações de] inúmeros seres são Seu local de repouso;
Inúmeros são [os devotos] que abraçam
[lit. ou se aproximam] de Teus membros

[personificados para adoração].
Inúmeros são os devotos que habitam com Hari.
Inúmeros são os reis [lit. Senhores de
Guarda-chuvas] que Te homenageiam.
Inúmeros *Indras* encontram-se em Teus portais;
Inúmeros céus no Teu olhar;
Inúmeros Teus nomes inestimáveis;
Cujas inúmeras ressonâncias retumbaram;
Inúmeras jornadas de extraordinária ação;
Inúmeros *Shaktis* e *Shivas* obedientes à Tua vontade;
Inúmeros seres a quem Tu nutres;
A cujos pés estão inúmeros *Tirthas* [locais sagrados];
Inúmeros seres puros repetem Teu querido nome;
Inúmeros adoradores Te adoram;
Infinita Tua Vastidão; não existe um segundo;
Cujas glórias puras e imaculadas são incontáveis;
Cujo louvor é cantado por incontáveis
Brahma-Rishis;
Num piscar de olhos cujas criações
e absorções são inúmeras;
Inúmeras Tuas qualidades que não podem ser contadas;
Inúmeros sábios declaram Teu conhecimento;
Inúmeros meditadores meditam em Ti;
Inúmeros ascetas praticam austeridades;
Inúmeros *Munis* sentam-se em silêncio;
Senhor imanifestado; Mestre imperceptível,
Enchendo todos os corações e controlando do interior,
Sempre que olho lá resides Tu;
O Guru [ou grande ser] iluminou Nānak
[com esse conhecimento].

Guru V Bhairon

Quem não tem disco, marca, nem classe, nem
casta, nem subcasta,
De quem ninguém pode dizer: 'Ele possui forma,
cor, silhueta ou vestimenta',
Forma imutável brilhando através de *Anubhava*
[percepção direta da consciência espiritual mais recôndita],
A quem poderíamos chamar de *Indra* [Senhor] de
inúmeros *Indras*, e Rei dos Reis.
Três mundos, senhores da terra, deuses, homens,
demônios e o capim da floresta estão dizendo, *neti*, *neti*,
[isso não; isso não].
Quem consegue proferir todos os Teus nomes? Os sábios
declaram Teus nomes funcionais [apenas].

Guru X japa

De toda maneira eu disse que não havia outro, ó amigo,
Ele reside em todos os continentes e ilhas [*dvipas*],
Ele preenche todos os *lokas*.

Guru V Devagandhari

Sua grandeza os *Vedas* não conhecem;
Brahmā não conhece Seu mistério;
Os avatares não conhecem Seu limite;
O Supremo Senhor, Parabrahman, é ilimitado.

Guru V Ramkali

Todas as coisas criadas são passíveis de erros, só o Criador não erra.

Guru I Shri Raga

E então, para adoração, todo hindu conhece o *ārati* e a maneira na qual a luz e uma coisa após a outra são oferecidas em adoração à imagem do Deus. Guru Nānak desaprova o uso de imagens na adoração, e no seu próprio *ārati* oferece todo o universo em adoração a Brahman, o Supremo:

O próprio espaço [Tua] salva; o sol e a lua [Tuas] lâmpadas;
As hostes estelares Tuas pérolas, ó Pai.
A brisa fragrante dos Himalaias [Teu] incenso;
O vento agitando [seu] abano *chawri* [sobre Ti];
Toda a vegetação da floresta [lit. o reino vegetal]
como flores, ó Luz!
Que alegre [*ārati* ou hino de louvor]
ó destruidor do medo [ou *samsāra*]; o *Anāhat*
Shabda [o som sem som e não soado]
soa como o [Teu] timbale.
Milhares são Teus olhos; Não! Não! Tu
não tens nenhum;
Milhares são Tuas formas; Não! Não! Tu
não tens nenhuma;
Milhares são Teus pés sagrados; Não! Não!
Tu não tens nenhum;
Tu não tens narinas [lit. sentido do olfato]
todavia tens mil narinas;
Esta Tua maravilhosa obra desnorteia [a nós],
Em tudo, ó Glória, está Tua luz!
Em todos a Luz Daquela [Luz] brilha.
Na presença do Guru [ou pelo ensinamento do Guru]
brilha aquela Luz;
Isso é alegria [*ārati*] que para Ele é agradável.

Tal é o seu ensinamento, que exala o mais puro espírito de devoção e alcança além de todas as formas até o Uno Sem-forma; é encontrado um coração que sente uma maior paixão devocional pelo ideal do Uno do que por qualquer das formas nas quais o Uno Se manifesta. No Guru Nānak não há negação das formas nas quais o Supremo se apresenta, mas ele adota a visão dos *Upanishades*, de que existe um Brahman, supremo acima de tudo, de quem todos os deuses são apenas manifestações parciais, de cuja beleza as formas mais elevadas são apenas reflexos.

Quando nos perguntam o que é que ele ensina com respeito à criação, descobrimos o puro ensinamento do *Vedānta*, de que a criação é apenas *māyā* e que é pelo poder de *Isvara* e de *māyā* que todas as coisas surgem.

Pela vontade [lit. ordem] as formas surgem.

Guru I Japa

U'a Mãe [*Māyā*] unida a [Deus] deu
[à] luz três filhos aceitáveis [lit. discípulos];
Um deles emana *samsara*, o outro
provê, e o terceiro habitualmente dissolve.
Conforme Lhe agrade, assim [Ele] direciona-[os],
de acordo com a [Sua] vontade.
Ele observa mas não é visto; grande é a
maravilha, salve Ele, salve!
O primordial, o imaculado,
Sem início, o indestrutível, em todas as eras
[assumindo] a mesma vestimenta.

Guru I Japa

Quando o Criador causa emanação [ou expansão],

Então a criação assume corpos infinitos;
Quando quer que Te contraias,
Então todos os corporificados fundem-se em Ti.

Guru X Chaupai

Existem centenas de milhares de *Ākāshas* e *Pātālas*.

Guru I Japa

Os limites de Sua criação não podem ser conhecidos.

Guru I Japa

Esse mundo é a casa do Verdadeiro [Uno], o Verdadeiro [Uno] aí reside.

Guru II Asavar

Esse mundo é o templo de Hari,
mas trevas terríveis sem o Guru.
Aqueles que são guiados pela mente [lit. mente como adorno], esses cegos rústicos adoram-No como sendo distinto [lit. outro].

Guru III Prabhati

Aqui está a pergunta de *Siddhā*:
Como é o mundo produzido, ó homem,
[e] como pode a dor ser destruída?
Resposta do Guru Nānak:
No egoísmo o mundo tem seu nascimento,
pelo esquecimento do nome [nós] sofremos.

Guru I Sidhgosht

Quanto ao *Jiva*, ele ensina que é o mesmo em essência com o Supremo, e que pela reencarnação e pelo *karma* ele pode realizar a si mesmo e saber que não existe diferença. Ele fala de nascimentos intermináveis e repete essa frase que encontramos tanto com os jainistas quanto com os hindus, que o nascimento humano é difícil de obter e que é no nascimento humano que a libertação pode ser encontrada.

Esse *Jiva* não está sujeito à morte.

Guru V Gauri

No corpo está a mente, na mente está o Verdadeiro [Uno]
Aquele Uno Verdadeiro ao fundir-se [unir-se a] o Uno
Verdadeiro Uno é absorvido.

Guru I Raga Dhanāshri

A mesma coisa que está no corpo está
no Brahmānda;

Quem quer que procure encontra.

Pippa Bhalta Dhanāshri

Não se pergunta casta nem nascimento;
Pergunte na Casa do Verdadeiro.
De acordo com as ações da pessoa
São sua casta e seu nascimento.

Guru I Parbhati

O homem que pratica boas ações,
É chamado de *Deva* [nesse] mundo:
Aquele que pratica más ações nesse mundo,
Os homens o chamam de *Ashura* [demônio].

Guru X Vichitra Nātak

Sobre o *karma*, o ensinamento é muito claro: plantou, nutriu-se.

Guru I Japaji

No campo do *karma,* ele colhe o que quer que plante.

Guru V Baramah Majh

Não culpemos ninguém,
O que quer que façamos que nos alegremos [e soframos];
Os *karmas* [ações] são nossos, a escravidão é nossa também,
Ir e vir é a atividade [negócio] de *māyā*.

Guru V

Em muitos nascimentos [nós] fomos insetos e mariposas;
Em muitos nascimentos [nós] fomos elefantes,
peixes, e gamos;
Em muitos nascimentos [nós] fomos pássaros e serpentes;
Em muitos nascimentos [nos] colocaram cangalhas
como cavalos e bois;
Busca o Senhor! É a mais segura [oportunidade]
de buscar; após longas idades esse corpo
[humano] foi alcançado.
Muitas vidas [nós] erramos pelas montanhas.
Muitas vidas [nós] fomos abortados do ventre.
Muitas vidas [nós] fomos criados como pastagem.
Fomos obrigados a passar por oitenta e
quatro *lakhs*[278] de ventres.
A associação com os bons nos permitiu atingir
[esse] nascimento.
Serve devotadamente, diz Hari. Esse é o ensinamento do Guru.
Se ele se livrar da vaidade, da falsidade e do orgulho
E morrer em vida, então ele é aceito [naquela]
corte [i.e., presença].

Guru V Gauri Rāg

[278] Número infinitamente grande.

Tal como o ferro colocado sobre a bigorna apanha
até tomar forma,
Assim também a alma iludida [ou ignorante] é lançada
nos ventres e obrigada a perambular, [para que]
possa curvar-se [ou voltar-se para a Reta Senda].

Guru I Suhi Rāga Kafi 4

Aqui está uma bela descrição do *Jivan-Mukta*:

Quem em sua mente sabe que a vontade do Senhor
é para o que for melhor,
Esse é verdadeiramente chamado *Jivan-mukta*.
Para ele alegria é a mesma coisa que tristeza.
Ele é sempre bem-aventurado; para ele não há separação.
O ouro para ele é a mesma coisa que o barro.
Para ele o néctar é a mesma coisa que o veneno amargo.
Honra e desonra são a mesma coisa para ele.
O indigente e o rei são iguais para ele.
O que quer que [o Senhor] faça acontecer,
aquela mesma coisa [ele considera] apropriada.
Ó Nānak, um homem assim é chamado *Jivan-mukta*.

Guru V Sukhmani

E aqui um belo poema sobre o *Brahmajñāni*:

O *Brahmajñāni* é sempre imaculado como o lótus que
jamais é molhado pela água.
O *Brahmajñāni* está sempre livre de imperfeição [ou de malefício],

já que o sol seca todas as coisas;
O *Brahmajñāni* vê todos por igual, tal como
o vento toca igualmente o rei e o indigente.
O *Brahmajñāni* sofre, suporta tudo igualmente, tal como
a terra é arada por alguns e suja pelas
sandálias de outros.
Tal é a qualidade do *Brahmajñāni* assim como
é inato o poder [queimador] do fogo.
O *Brahmajñāni* é mais puro que o puro, uma vez que
a impureza não toca a água.
Na mente do *Brahmajñāni* brilha a luz, tal como
o céu [brilha] acima da terra.
Para o *Brahmajñāni* amigo e inimigo são
iguais, o *Brahmajñāni* não tem orgulho.
O *Brahmajñāni* é mais elevado que o elevado, mas ele
se considera inferior a todos.
Tornam-se *Brahmajñāni*, ó Nānak, aqueles assim
tornados [tais] pelo próprio Senhor.
O *Brahmajñāni* é a poeira [dos pés] de todos;
O *Brahmajñāni* colheu [ou conheceu] a essência de *Ātmā*.
O *Brahmajñani* é compassivo com todos; nenhum mal
provém do *Brahmajñāni*.
O *Brahmajñāni* sempre considera tudo por igual,
sobre o que quer que ele olhe ele verte néctar.
O *Brahmajñāni* está livre da escravidão,
o *yoga* do *Brahmajñani* é puro.
O alimento do *Brahmajñāni* é a sabedoria; ó Nānak,
a meditação do *Brahmajñāni* é Brahmā.
O *Brahmajñāni* [fixa sua] esperança no Uno,
o *Brahmajñāni* jamais perece.
O *Brahmajñāni* é perpassado pela humildade,
o *Brahmajñāni* deleita-se em fazer o bem aos outros.
O *Brahmajñāni* está livre da atividade [dos
três *gunas*], o *Brahmajñāni* aprisiona [sua própria] mente.

O que quer que aconteça ao *Brahmajñāni* [ele considera] bom; as qualidades Divinas frutificam no *Brahmajñāni*.
Tudo é exaltado com o *Brahmajñāni*, ó Nānak; o mundo inteiro repete [o nome do] *Brahmajñāni*.
O *Brahmajñāni* possui uma cor [estado de mente, i.e., Amor]. O Senhor reside com o *Brahmajñāni*.
O *Brahmajñāni* é fortalecido pelo nome, para o *Brahmajñāni* o Nome é seu tudo em tudo.
O *Brahmajñāni* está sempre desperto no Real, o *Brahmajñāni* renuncia ao egoísmo.
No coração do *Brahmajñāni* existe a mais elevada bem-aventurança; na casa do *Brahmajñāni* sempre há paz
O *Brahmajñāni* vive na felicidade; ó Nānak, não há destruição para o *Brahmajñāni*.
O *Brahmajñāni* é o conhecedor de Brahmā; o *Brahmajñāni* está sempre apaixonado pelo Uno.
O *Brahmajñāni* é livre de ansiedade, a crença do *Brahmajñāni* é pura.
É *Brahmajñāni* aquele a quem o próprio Senhor o torna [tal]; a glória do *Brahmajñāni* é grande.
Uma pessoa muito afortunada pode ver [encontrar] um *Brahmajñāni*. Deveríamos oferecer-nos como sacrifício para [lit. rodear] um *Brahmajñāni*
Maheshvara [*Shiva*, o Grande Senhor] busca um *Brahmajñāni*, ó Nanak.
O *Brahmajñāni* é o Próprio Senhor Supremo.
O *Brahmajñāni* é um tesouro inestimável.
Tudo está no coração do *Brahmajñāni*, aquele

que conhece o segredo do
Brahmajñāni.
Saudemos sempre o *Brahmajñāni*; poderíamos
não pronunciar metade de uma letra do
Brahmajñāni.
O *Brahmajñāni* é o Senhor de tudo;
quem se pode medir em poder de palavra com o *Brahmajñāni*!?
Somente o *Brahmajñāni* conhece a Meta do
Brahmajñāni.
Do *Brahmajñāni* não existe nem limite
nem a outra praia. Ó Nānak, sempre
saudamos o *Brahmajñāni* .
O *Brahmajñāni* é o criador de toda criação.
O *Brahmajñāni* é o doador de *mukti*, de *yoga* e de vida.
O *Brahmajñāni* é o Espírito total [*Purusha*] e o mandatário.
O *Brahmajñāni* é o protetor do desprotegido,
O *Brahmajñāni* a todos protege.
Tudo isso é a forma de *Brahmajñāni*,
Brahmajñāni é o próprio Sem Forma [Eu Supremo].
O esplendor [ou a graça] do *Brahmajñāni*
só convém ao *Brahmajñāni*. O *Brahmajñāni* é o
Tesouro de tudo.

Guru V Sukhmani

Aquele que não amedronta os outros, e que não teme ninguém.
Dizei, Nānak! Ouvi, ó mente; chamai-o *Jñāni* [sábio].

Guru IX

Aqui estão alguns *slokas* sobre devoção ao Gurudeva:
Ó Nānak! Saiba ser esse o verdadeiro Guru
que [te] une a tudo, meu querido.

Guru I Shri Raga

Todo dia uma centena de vezes [eu] (me)
sacrifico ao (meu) próprio Guru;
Que me transformou em Deus, e
não demorou em consegui-lo.

Guru I Vara Asa

Se uma centena de luas e mil sóis nascessem,
E houvesse tanta luz, sem Guru [ainda] haveria trevas terríveis.

Guru II Asāvar

Bendito seja meu verdadeiro Guru, conhecedor de Hari,
Que nos mostrou serem amigo e inimigo iguais à nossa visão.

Guru IV Vara Vadhans

Gurudeva é mãe, Gurudeva é pai,
Gurudeva é o Senhor Supremo;

Gurudeva é amigo, destruidor da ignorância,
Gurudeva é parente e verdadeiro irmão;
Gurudeva é o doador e o instrutor do nome de
Hari; Gurudeva realizou o mantra;
Gurudeva é a corporificação da paz, da verdade
e da iluminação; o toque de Gurudeva é
mais elevado do que a pedra filosofal.
Gurudeva é o *Tirtha* [local de peregrinação],
o tanque de néctar [imortalidade]; nada existe
além da imersão no conhecimento do Guru.
Gurudeva o criador é o destruidor de todo mal.
Gurudeva é o purificador de todos os decaídos.
Gurudeva é o primevo, além das eras, em todas as
eras; pela repetição do seu Hari-Mantra [nós] somos
salvos [suspendidos do oceano de *samsāra*].
Ó Senhor, favorecei-nos com a companhia
do Gurudeva, para que unidos [presos] a ele
nós pecadores iludidos possamos [atravessar] a nado.
Gurudeva, o verdadeiro Guru, é Parabrahman,
o Senhor Supremo; Nānak curva-se ao Gurudeva Hari.

Guru V Bavanakhhri

Ó mãe! Eu exulto, pois encontrei o verdadeiro Guru.

Guru III Rāmkali

Que ele fixe as palavras do Guru no seu coração.
E cesse de associar as cinco pessoas [desejo, ira, etc.].

Mantenha os dez órgãos sob controle.
Então no seu eu a luz irá brilhar.

Guru V Gauri

Para concluir essas inúmeras citações, darei algumas miscelâneas, repletas de beleza:

Pensai nas grandes qualidades do verdadeiro
nome na hora ambrosíaca [manhã].

Guru I Japa

Mesmo que esfreguemos e friccionemos nosso corpo
com água, ainda assim, ó Irmão, ele é impuro;
Banhemo-nos nas poderosas águas do
conhecimento, ó Irmão! Para que a mente
e o corpo sejam purificados.

Guru I Sorath

Ó coração! Amai Hari como o lótus ama as águas;
Ele é golpeado pelas águas, mas [as pétalas do] seu amor se abrem.

Guru I Shri Raga

Esqueci todas as distinções [lit. ser o outro, ou
esqueci totalmente quem era o outro],
Já que obtive a companhia dos bons;
Não havia inimigo, estranho, eu fiz a paz com todos.

Guru V Kanrā

Todos os seres são Dele, Ele pertence a todos os seres.
A quem podemos injuriar [ou chamar de inferior]? Se
houvesse um outro [poderíamos fazer isso].

Guru III Āsa

Façamos uma pausa por um instante sobre o pensamento de que, se existe apenas um Ser em tudo, onde existe espaço para o ódio? Se existe apenas um Hari em tudo, onde está o espaço para o desprezo? Se houvesse mais do que o Uno, se não houvesse o Uno sem um segundo, então poderia o homem ser diferente do homem e o irmão poderia brigar com o irmão. Mas se o mesmo Deus reside em todo coração, se o mesmo Ser anima cada veículo, onde está o espaço para o ódio e o desprezo?

Existe apenas o Uno em tudo
Ó Nānak, repita *Soham*, *Hamsa*; por meio desta
repetição os três mundo são absorvidos Nele.

Guru I Var Māru

Não chame de puros aqueles que lavam seus corpos e se sentam,
Ó Nānak! Puros são somente aqueles em cujo coração Ele habita.

Guru I Var Āsa

Aqueles que praticaram o contentamento, eles
meditaram sobre o verdadeiro Uno.
Não puseram os pés no mal, praticaram
boas ações e mereceram a virtude.

Guru I Āsa

Ele é o *samnyāsin* que serve o verdadeiro Guru
e remove o eu do interior;
Não deseja nem vestimenta nem alimento, aceita
o que [lhe] vier sem pensar [ou
sem ser perguntado].

Guru I Māru Rāga

Poucos obtêm um favor do Guru e estão centrados no quarto estado.

Guru III Majh

Das coisas a serem renunciadas, as que devem ser mais

renunciadas são a luxúria, o ódio e a avareza.
Ouvi! Meditando no nome de Hari fazei caridade a todos.
Sem praticar a virtude, não é possível a devoção.

Guru I Japa

Em teu próprio lar e palácio encontra a inata
bem-aventurança; [assim] não retornarás novamente.

Guru V Gauri

Ó mente! Pratique tal *sannyās* [renúncia]:considera
todas as moradas como sendo floresta; no fundo,
permanecendo não afetado; mantém as mechas embaraçadas
do autocontrole, faze ablução de *yoga*, cultiva
as unhas de *niyama* [cinco observâncias].
Faze do conhecimento [Divino] teu Guru,
e aprende de ti mesmo.
Lambuza-te [com] as cinzas do Nome;
Permite que o amor [bem] do teu corpo [consista de]
comer pouco, dormir pouco, compaixão, perdão.
Pratica a boa disposição, o contentamento,
transcende os três *Gunas*.
Não permitas que a luxúria, a ira, o orgulho, a avareza,
a obstinação, a ilusão do apego [te conquistem].
Então irás contemplar a realidade [a essência] do
Eu e atingirás o Supremo Espírito.

Guru X Shabd Hazare

Não adies o bem; adies o mal.

Guru V

Inúmeros são os difamadores [que] se
sobrecarregam [com o pecado da calúnia].
Se buscas teu próprio bem, faze então o bem,
e deixa que te considerem inferior.

Guru I Asa

Pesado na balança, aquele que se curva é precioso.

Guru I Suhi

Eu não sou bom; ninguém mais é ruim.

Guru I Suhi

Se alguém se torna escravo de escravos e expulsa
o eu, então ele encontra Hari.

Guru III

Tal como o peixe não consegue viver fora d'água,
Tal como o cuco não consegue se satisfazer
sem a gota de chuva,
Tal como a gazela [perfurada, tocada ou enamorada] do
som [de um gongo] corre em sua direção,
Tal como a abelha negra, sedenta pelo odor de uma flor,
encontrando-a fica aprisionada,
De modo semelhante os santos amam a Deus e só ficam
satisfeitos ao vê-[Lo].

Guru V Jaitsaru

Não há ninguém que não dispute e que não se oponha;
Mostra-os a mim e eu os louvarei.

Guru I Māru

Os devotos e os mundanos dificilmente estão de acordo.

Guru I Majh

Por generosidade do Guru, pratica *Rāja Yoga*.
Poucos existem que aniquilam a dualidade [o senso
de separação] e a tendo destruído praticam *Rāja Yoga*.

Guru V Gauri

Aquele em cujos olhos foi aplicado
o colírio do Conhecimento [Divino], contempla
tudo [como] esplendor.
Nas trevas da ignorância ele não vê,
e vagueia repetidamente [de nascimento em nascimento].

Guru V Sorāth

Eu O busquei nos dez locais, eu O encontrei em casa;
Eu O encontrei quando o verdadeiro Guru me colocou
face a face com Ele.

Guru I Omkār

A desilusão de cujo seio [coração] se foi,
hindu e muçulmano são a mesma coisa perante ele.

Guru X

Alguém se tornou um *samnyāsin* confesso, outro é considerado iogue, um *brahmachāri*, um *yati*, um hindu, um turco [muçulmano], um *rafāzi*, *imāmshāhi*. Mas compreendei que a humanidade é uma. O Criador, o Compassivo, é o mesmo; o Nutridor, o Ser Gentil, é o mesmo. Não caias no erro e na ilusão da diferença de dualidade, o Ser é para ser servido; o Gurudeva de todos é um; una é a Natureza; e saibais que a Luz é uma. O templo e a mesquita são a mesma coisa; *Puja* e *Namāz* [oração muçulmana] são uma só; todos os homens são um, mas muitos em manifestação. Assim, os Deuses e os demônios são um, *Yakshas* e *Gandharvas*. Hindus e turcos devem-se à natureza diferente dos trajes de várias terras. Os olhos, as orelhas, o corpo, o formato, é um – uma combinação de terra, ar, fogo, água; o imaculado Alá é o mesmo; *Purānas* e *Alcorão* são o mesmo; uma é a Natureza e uma é a forma.

Como de um fogo elevam-se milhões de faíscas, e se separando fundem-se novamente no [mesmo] fogo; como de [um monte de] poeira, muitas partículas enchem [o céu]; e essas partículas novamente desaparecem na mesma poeira. Como em um rio, muitas ondulações são formadas; mas essas ondulações de água são chamadas apenas de água. Assim, da Forma Universal seres conscientes e inconscientes se têm manifestado, mas eles irão perder-se n'Aquilo do qual vieram.

Guru X Kavitu

Certamente que não há nada nestas coisas, às quais o coração de cada um de nós não pudesse responder apenas ansiando que tivéssemos a mesma paixão e que nossa devoção pudesse ser tão pura quanto a dele.

Tal é o ensinamento e tal é o coração do Siquismo. Existe no Siquismo alguma coisa que possa servir para unir os homens no amor? Quando pensardes no Guru Nānak, pensai num daqueles grandes profetas da paz que, do seu amor para com Deus, colhem o fruto abençoado do amor aos homens.

Se os nossos irmãos siques forem fiéis aos ensinamentos de seu Guru, deverão ser amigos e unificadores, fortalecedores e construtores da vida nacional. Não deveríamos estar muito equivocados se disséssemos que nesta religião de puro *bhakti*, de amor de Deus e do homem, temos um dos precursores daquela antiga Sabedoria Divina, a qual, nesses últimos dias, a Grande Loja tem doado ao homem; pois aqui também está um unificador, um amigo e um irmão; aqui também está um amante e um daqueles que une os que são rivais.

Quando falamos o nome de Guru Nānak, falamos o nome da paz. E possa aquele que zela por sua própria comunidade torná-la um dos elementos para forjar uma nação a partir da Índia, sem querelas contra ninguém, sem ódio para dividi-los de nenhuma outra fé.

SABEDORIA DIVINA

SIGNIFICADO DO SÍMBOLO

1º sinal: O sinal de cima, a sílaba sagrada *AUM*, em sânscrito, é a representação gráfica e sonora (*OM*) do mistério do PRINCÍPIO UNO manifestado em seus três aspectos – Trindade. Todas as grandes religiões falam da Trindade embora dando nomes diferentes. Assim, por exemplo, no Cristianismo, são: PAI, FILHO e ESPÍRITO SANTO; no Hinduísmo: Shiva (o Destruidor), Vishnu (o Preservador) e Brahma(o Criador); na Teosofia: 1º, 2º e 3º Logos;

2º sinal: Os dois triângulos equiláteros entrelaçados simbolizam o Universo como dualidade Espírito-Matéria. O de vértice para cima é o do Fogo, Espírito ou Pai; o de vértice para baixo é o da Água, Matéria ou Mãe. Os lados do triângulo de Fogo entre outras coisas significam Existência, Consciência e Bem-Aventurança; os do triângulo da Água indicam as três características da matéria: Inércia, Movimento e Equilíbrio;

3º sinal: A cruz egípcia (*TAU*) simboliza o Espírito mergulhado na matéria, crucificação e ressuscitação. É a "cruz da Vida";

4º sinal: A cruz suástica (cruz alada ou cruz de fogo) é o símbolo da energia geradora do Universo;

5º sinal: A serpente que morde a própria cauda é o milenar símbolo da Eternidade, o círculo sem começo nem fim em que todos os universos crescem e declinam, nascem e morrem. Completando o símbolo, a divisa: NÃO HÁ RELIGIÃO SUPERIOR À VERDADE.

A TEOSOFIA: Significa SABEDORIA DIVINA. É o conjunto das verdades que constituem a base de todas as religiões.

Ela mostra o sentido da totalidade da existência do mundo e do homem. Não pode nem deve ser objeto de crença. Três Verdades sintetizam o pensamento teosófico: 1. A Alma do homem é imortal e seu futuro é o futuro de algo cujo crescimento e esplendor não têm limites. 2. O Princípio que dá a vida reside em nós e fora de nós; é imortal e eternamente benfazejo. Não é visto nem ouvido, mas é percebido pelo homem que ardorosamente deseja perceber. 3. Cada homem é seu próprio legislador, o dispensador de sua própria glória ou miséria.

Voltaremo-nos agora não para as religiões, mas para a Religião; não para o exotérico que divide, mas para o Espírito que une. Vamos ver o que é que em tudo tem sido a raiz de cada crença, que tem sido A RELIGIÃO da qual cada religião separada é parte inerente; e por que justamente agora ela passou à frente de modo especial, enquanto anteriormente esteve como pano de fundo, perpassando e dando apoio a tudo, mas não firmando a si mesma.

Todo cuidadoso estudante de religião concorda quase que unanimemente que todas as religiões possuem uma base comum. Voltemos à obscura história do passado, quando até mesmo a configuração do globo era diferente da que é hoje, quando o vasto continente da Atlântida situava-se onde agora rolam as ondas do Atlântico; ainda mais para trás, até o continente ainda mais antigo da Lemúria, do qual agora permanecem apenas fragmentos da Austrália, da Nova Zelândia e de Madagascar. Vejamos desde o fim do século XVIII, quando Dulaure e Dupuis escreveram sobre as origens das crenças; vejamos como durante todo o século XIX, com estudante após estudante no Ocidente, houve o crescimento gradual da mitologia comparada como ciência.

Do passado longínquo como do presente recente, de antiquários e arqueólogos, surge a evidência dos elos comuns que unem todas as religiões, suas doutrinas, seus fundadores e seu simbolismo. Os europeus, com a sede por fatos que lhes é característica, descavaram oito cidades antigas, cada uma construída sobre as ruínas da cidade precedente. Na oitava, a cidade mais antiga, descobriram uma vasta biblioteca com mais de cem mil volumes feitos de argila, grandes templos de esplêndida arquitetura, registros de reis que eram considerados mitos, recuando até sete mil anos antes da era cristã.

Depois, no Egito, foram abertas tumbas que tinham sido seladas por pelo menos dez mil anos, e dos corpos mumificados dos mortos foram retirados fragmentos de papiro nos quais estavam escritas as crenças dos antigos egípcios e o conhecimento de que a alma necessitava do outro lado da morte, para guiá-la através das complexidades do mundo invisível. Mais uma vez, tesouros na antiga China, que levavam até o famoso Templo de Ouro de Atlantes e à alusão ao Senhor do Portal de

Ouro, o poderoso imperador daquele império há muito desaparecido. O reino dos mortos cedendo seus segredos, e todos prestando testemunho à grande e poderosa verdade una – a unidade das religiões.

Não apenas isso. À medida que os exploradores aventuram-se entre as tribos selvagens, entre os povos bárbaros, eles veem primeiramente apenas o ídolo externo de adoração, de fetiche, de totem, e pensam que esta é a religião do povo. Mas logo entram em contato mais íntimo com as próprias pessoas; conquistam sua confiança; e as pessoas começam a lhes contar algo mais do que aquilo que é revelado pelos símbolos externos. Elas falam de um Pai poderoso, de uma Presença oniabarcante, do Uno, poderoso demais para ser nomeado, amantíssimo para necessitar de sacrifício ou de oferenda de seus filhos – um pensamento que para eles é vago e distante, mas que é a tradição ensinada pelo fundador de sua raça e passada de geração a geração de homens sábios como o coração da fé, que se tornou tão degradada em tempos mais recentes.

De toda esta busca aconteceu a fundação de uma grande escola de mitologia comparada. Essa escola provou cabalmente que todas as religiões possuem uma raiz única. Todas têm a tradição de um divino fundador humano, possuem a mesma doutrina, ensinam a mesma moralidade, e usam o mesmo simbolismo. A cruz foi encontrada em sepulturas etruscas. Foram encontrados, em escavações nos templos maias e nas tumbas egípcias, os símbolos da cruz, do triângulo, do ponto, do círculo. A mitologia comparada conclui que todas as religiões possuem uma base única – todas são formas da mesma ideia – e que têm como base a ignorância humana.

O bárbaro selvagem personificava os poderes da Natureza; ele via o sol em sua majestade, ouvia o vento na sua fúria, o terremoto abalava a montanha, o temporal inundava o vale, e ele dizia: 'Os deuses estão zangados, devo apaziguá-los e torná-los meus amigos'. E a partir dessa personificação pelo selvagem, diz a mitologia comparada, surgiu cada religião do mundo. Não importa quão refinada ela possa ser agora; não importa quão filosófica ela possa ter se tornado posteriormente; não importam quais possam ser as rudezas de antigamente e as perfeições de agora; a base de todas as religiões é a ignorância humana. Foi com base nessa compreensão que o ataque foi feito às religiões – um ataque fatal, porque estava baseado no que podia ser visto pela própria pessoa.

Os fatos são verdadeiros; somente o ignorante pode negá-los. E, sem dúvida, ainda há mais descobertas a serem feitas que fortaleçam a posição dos críticos. Mas embora os seguidores da mitologia comparativa sejam precisos nos fatos, eles estão errados nas deduções.

Dedução não é o fato, mas apenas a ideia de alguém sobre o significado do fato. Separe-se o fato da dedução, e veja-se, em todas essas descobertas do passado, que todas as religiões possuem verdadeiramente uma base; mas essa base é a Sabedoria Divina e não a ignorância humana; é o conhecimento dado pelos sábios que são os guardiões espirituais da humanidade.

Até que por fim se entendesse que a ignorância humana não precisa ser considerada como a causa raiz, não se tinha atingido o mundo religioso. Será que o selvagem desenvolveu a ideia daquela Presença oniabarcante, na qual debilmente acredita hoje em dia e crê ser a tradição do passado, a partir de sua brutalidade, de sua idolatria e de seu fetichismo? Como a ideia de um Pai universal, que cinge tudo em amor, evoluiu a partir do seu cérebro estreito, a partir de sua ignorância e crueldade? E o que lemos na literatura do passado – a literatura da China, da Pérsia, da Índia, do Egito? Essa literatura contém pensamentos sublimes que nenhum modernista tem sido capaz de emular.

Vejamos o *Classic of Purity* da China, que, dizem, veio da distante Atlântida, e perguntemos se a China moderna pode produzir uma joia de pensamento espiritual e filosófico digna de ser posta lado a lado com ele. Vejamos os ensinamentos da Índia, os gloriosos *Upanishades*, e para verificar que escritor moderno pode escrever com tal sublimidade, com tal profundidade de pensamento filosófico sobre o Ser Supremo e Universal. Vejamos os *Gāthās* do Zoroastrismo, mutilados e fragmentados como estão; é possivel lê-los sem encontrar aí um conhecimento que nenhum pensador moderno pode igualar? E o *Livro dos Mortos* dos egípcios, leiamos suas afirmações, sua profunda filosofia, seus anseios místicos, e vejamos se em nossos modernos escritos encontramos pensamentos tais como aqueles. Podem os voos mais sublimes de moralidade na literatura de hoje em dia ser postos ao lado dos ensinamentos éticos do Senhor Buddha, e o mundo encontra nessa literatura a mesma inspiração ao nobre modo de viver que suas palavras têm exercido por mais de dois mil anos?

Será que a religião de fato cresceu a partir da bruta imaginação do selvagem? Ou não será mais provável que os homens divinos, que primeiramente trouxeram o conhecimento, deram o que havia de mais elevado no início, e que aqueles que vieram posteriormente o diminuíram e, devido à sua ignorância posterior, o tornaram confuso em vez de o iluminarem?

É esmagadora a evidência de que toda religião lembra seu Fundador devido aos seus ensinamentos mais elevados. Pode um arcebispo de hoje em dia competir com os ensinamentos do Cristo? Pode Moulvi, um muçulmano de hoje, rivalizar os ensinamentos do Profeta? Pode o zoroastriano Mobed pronunciar palavras tais como as que são encontradas na sua própria literatura antiga? Onde está o moderno brâmane que consiga falar como falava Sri Krishna e Rāmachandra, ou nos dar a nobre moralidade que encontramos na literatura antiga?

É clara a prova de que a Sabedoria Divina subjaz todas as religiões; que é a fantasia doentia dos seguidores da mitologia comparada que vê na ignorância a raiz de tudo que tornou o homem heroico, tudo que tem confortado o homem na morte e o tem enobrecido em vida, que tem levado o mártir à fogueira e enviado o heroi alegremente à morte, que tem sido a felicidade e a glória do santo e a sabedoria do sábio.

A raiz de toda religião é a SABEDORIA DIVINA.

Eu às vezes gostaria que a palavra 'Teosofia' não tivesse sido usada, porque para a pessoa desinformada, ela dá a ideia de uma coisa nova. No momento em que temos um nome, temos um rótulo – esse homem é teosofista e aquele homem não o é. É aí onde, em nossa ignorância, arruinamos a mensagem dos Grandes Seres, e em nossa arrogância e altivez estreitamos a grandiosidade da verdade por Eles transmitida. Talvez tivesse sido melhor que o título Sabedoria Divina tivesse sido usado; pois então quem ousaria invocá-lo como sendo exclusivamente seu e dele excluir seu irmão?

A Sabedoria Divina não pode ser outra coisa senão a verdade todo-inclusiva; assim como Deus é Uno e indivisível, tal é Sua Sabedoria oniabarcante. É a todo esse corpo de Sabedoria Divina, do qual conhecemos uma simples letra ou duas, que realmente pertence o nome Teosofia.

Os instrutores divinos – aquele maravilhoso grupo de homens que atingiram a perfeição, e que tanto amam sua raça que permanecem com ela para promover a evolução da humanidade – detêm em suas mãos a Sabedoria Divina como a herança preciosa da raça.

Eles enviam um de seus membros, um *Manu*: ele constrói uma raça; dá-lhe sua organização; dá-lhe sua fé exotérica; dá-lhe o místico significado interno do fragmento de verdade que está comunicando.

Eles enviam um Zaratustra: ele segue rumo oeste para uma sub-raça diferente e anuncia outro fragmento do mesmo ensinamento, adaptado à evolução especial dessa sub-raça.

Eles enviam um Orfeu, e ele segue para a Grécia, e lá anuncia a religião da beleza, conveniente à evolução daquele ramo da raça celta.

Eles enviam um Buddha, e ele vem pregar uma compaixão infinita e dar um esplêndido ensinamento moral às raças não metafísicas.

Eles enviam um Cristo, e ele se posta junto ao berço da civilização que está para nascer no Ocidente, para abençoá-la, guiá-la, para lhe dar a forma especial de religião mais adaptada ao pensamento enérgico da mente concreta dessa religião.

Eles enviam um Maomé, e ele segue para a Arábia; ele civiliza, ensina, constrói, leva de volta para a Europa, que a havia perdido, a ciência que tornou possível o renascimento do aprendizado. Eles enviam muitos outros – Nānak e Mahāvira.

Todo Profeta é oriundo dessa mesma Fraternidade, trazendo a mesma mensagem, modificada apenas pelas circunstâncias do tempo. Pregam as mesmas verdades eternas, idênticas em cada crença: a Suprema Existência Una, o Uno sem segundo; as inúmeras hostes de Seres Brilhantes, *devas* ou anjos, que executam sua vontade e administram sua lei. O espírito humano, como ele mesmo, de sua própria natureza, desabrochando seus poderes divinos pela reencarnação e pelo *karma*, até que se eleve como um deus manifestado, como sempre foi um deus em sua própria natureza inerente.

Estas são algumas das verdades que encontramos em toda religião;

nenhuma delas estará faltando nos ensinamentos dos Fundadores. Mas, vez ou outra, algumas foram perdidas devido à ignorância.

Finalmente chegou a hora quando a Fraternidade viu que a época era propícia e que as religiões do mundo deveriam ser mais uma vez supridas daquilo que haviam perdido – que deveriam aprender a unidade em meio à diversidade das formas externas. E então veio a última mensagem, a mensagem da Sabedoria Divina em seu próprio nome, para o mundo.

Isso deve significar, como toda a história nos diz, um grande passo adiante na civilização – verdadeiramente, uma mudança no tipo da própria civilização. Retomemos a história do passado e descobriremos que a civilização foi inevitavelmente precedida de um movimento espiritual.

Primeiramente, a raça ariana teve seu *Manu* como instrutor antes de se tornar o poderoso povo de *Āryāvarta*. Entre os iranianos, na religião do profeta Zaratustra, uma civilização cresceu e floresceu favorecida por sua influência.

Grécia e Roma desenvolveram-se sob a influência das religiões fundadas na tradição órfica da Índia e do Egito, fortalecidas e tornadas mais científicas por Pitágoras, e embelezadas pela arte da Grécia. Séculos mais tarde, Roma está para morrer sob o impacto das vastas hostes de invasores bárbaros; mas antes desse cataclismo nasce o Cristo, e outra forma de religião está pronta para nascer. E antes que a civilização árabe possa iluminar o Ocidente, Maomé deve vir para guiá-la, dirigi-la e moldar seus pensamentos.

Como esta versão moderna da Sabedoria Divina difere das mensagens do passado? Cada uma delas fundou uma religião que moldou uma civilização particular. Todos que estavam dentro dos limites eram crentes; todos que estavam fora eram incrédulos.

A nova mensagem não erige nenhuma nova barreira, não funda nenhuma religião, não faz nenhuma separação entre homem e homem. Declara que toda religião é dada por Deus e contém em si tudo que é necessário para aqueles que a seguirem. Ordena ao hindu para permanecer hindu, mas que deixe de lado seu formalismo, seu orgulho e seu sentimento de superioridade. Ela ordena ao *parsi* a lembrar-se de que tem uma religião dada por um Profeta divino, e ao verdadeiramente segui-la, ele deve honrar os profetas dos outros. Ela diz ao cristão: não pense que sua fé é a única, mas ela é tudo que você precisa; mergulhe além da superfície, compreenda sua filosofia, lembre-se do seu misticismo, e não fique preso apenas pelo formalismo externo, que tem sido imposto pela ignorância e não pelo conhecimento. Ela diz ao muçulmano: que negócio é esse de chamar os homens de outras crenças de infiéis, quando o profeta disse, 'Digo que não fazemos distinção entre os profetas, mas todo homem deverá seguir seu próprio líder'. Nada existe de novo nisso. O hindu diz: por que aprendi isso no *Bhagavad-Gitā*, pois não disse Shri Krishna, 'Qualquer que seja a estrada pela qual o homem chegue até mim, nessa estrada eu o encontrarei, pois todas as estradas são minhas'. E o cristão diz: ora, não disse o Cristo, 'Outras ovelhas possuo que não são desse rebanho; devo também trazê-las, e elas serão um rebanho e um pastor'. Não diz o sufi: 'Ora, aprendi que tantos são os caminhos que levam a Deus quanto são os alentos entre os filhos dos homens'.

De onde então vêm nossa atual estreiteza e esta ignorância? Estão no nosso orgulho, no nosso desejo de possuir uma verdade da qual outros homens sejam excluídos, de modo que possamos sentir-nos únicos e divinamente favorecidos. A glória do Espírito está no fato de que ele inclui todos sem excluir ninguém; e que ninguém em quem habite o Espírito Divino – e ele habita em todos – pode ser excluído do amor oniabarcante de Deus.

Mas dizem os homens: As religiões ensinam de maneira diferente. Uma diz: siga por aqui; a outra diz: vá por ali. Uma diz: vá por essa estrada; outra já diz: siga pela minha. Vocês querem chegar a Adyar vindo de Trichinopoly ou Madurai. Assim dizem a vocês para viajar para o norte. De Benares a Allahabad, dirão a vocês para seguir para o sul. Uma clara contradição; não há dúvida nisso.

Deus é o centro, e nós somos pontos sobre a circunferência; vimos de muitos pontos, mas existe apenas um centro no círculo – e esse é o próprio Deus. Dele partimos para a circunferência, e para ele retornaremos no centro. Nossos rostos podem estar voltados para diferentes direções, mas isso é porque partimos de diferentes pontos. Ele é o único e o mesmo centro; e todos nós o buscamos, embora sigamos por estradas diferentes.

Outro grande impulso religioso veio ao mundo, e precede outro passo adiante na civilização da raça. Significa o nascimento de uma nova era; significa a vinda de uma mais elevada percepção social; significa a aurora de um mundo mais belo; significa um passo adiante na ascensão da humanidade rumo a Deus.

Como toda civilização traz a marca do movimento espiritual que a precedeu, que a cerca e que a dirige, podemos predizer que a civilização vindoura não será competitiva como a civilização atual, mas cooperativa e de amor fraternal; não estará baseada no antagonismo racial, mas na unidade racial – no amor entre raça e raça. Não conhece excluídos nem estrangeiros; todos são incluídos no seu amor oniabarcante.

Na civilização vindoura os homens amarão uns aos outros, e sob muitas formas adorarão o Uno, o Indivisível. Pois a verdade é que a Sabedoria Divina é como o sol no céu que brilha sobre todas as partes da Terra. Brilha sobre todos os recintos humanos, não importam quão elevadas sejam as paredes que o homem construa à sua volta, pois o sol é mais alto do que tudo. E assim a Sabedoria Divina brilha sobre todas as religiões; embora o homem possa construir barreiras, o sol da Sabedoria Divina é mais alto do que todos eles e brilha sobre as faces de todos os homens e as ilumina.

Existem muitas crenças porque a humanidade precisa de *manas*, a mente, para crescer e se desenvolver. Captemos um raio de sol, passando-o através de um prisma; do outro lado surgirão sete cores. Consideremos uma verdade espiritual, passando-a através do prisma do intelecto humano, e a una e branca verdade brilhará com sete cores diferentes. A mente do homem deve desenvolver-se, seu intelecto deve crescer. Ele cresce pela dificuldade e pela luta; ele cresce pelo desafio e pelo questionamento; ele cresce pelo combate e pela guerra. Porém, mais alto que o intelecto é *Buddhi*, a Razão pura que vê a unidade onde *manas* vê a divisão; e mais elevado ainda é o Espírito, que é o mesmo em tudo e que, compreendido, produz a unidade humana.

Dizemos que quando a Sociedade Teosófica foi fundada, um núcleo foi formado. Um núcleo é o centro de crescimento em uma célula, no qual todas as forças da vida são reunidas e do qual se irradiam. O crescimento da célula, sua organização, sua multiplicação dependem de um ponto minúsculo visível apenas sob um microscópio poderoso. Dessa célula deve provir sua organização, seu crescimento, sua multiplicação. É por isso que a Sociedade é um núcleo, e nada mais. Algo pequeno, mas nela estão as forças da vida que se espalham em todas as direções, que irão organizar, estimular o crescimento, e permitir que ocorra a multiplicação.

Certamente que a prova disso é que durante sua curta vida, onde quer que a Sociedade tenha ido, ocorreu crescimento na religião. Ela veio para a Índia, o Hinduísmo começou a reviver. Espalhou-se para o Sri Lanka, o Budismo lentamente começou a ser renovado. Espalhou-se através da cristandade, e encontramos o lado místico voltando ao Cristianismo e a reencarnação sendo pregada no púlpito das igrejas cristãs. E isso ocorre porque um núcleo está ativamente vivo; um órgão que a vida criou para si. Em si mesma não é nada mais que uns poucos fragmentos de matéria organizados de maneira particular. É a força da vida, e dentro dela está tudo. É esta vida que os grandes Instrutores estão disseminando através da Teosofia em todas as religiões do mundo. Todo Instrutor, por sua vez, vivifica sua própria crença usando esse instrumento; e aonde quer que esse novo instrumento vá, nova vida surge, não *pela* Sociedade, mas *através* dela como canal.

E sabe o que mais? Algumas pessoas perguntavam por que se preocupar apenas com temas espirituais. Por que a Sociedade não mergulha na política, nas reformas sociais e outros assuntos? Não é sua obra. O primeiro sinal de degeneração de um povo é a diminuição de sua espiritualidade. Primeiramente, diminui a espiritualidade da religião; depois diminui o poder intelectual; e finalmente, decresce a prosperidade.

Tudo isso pode ser revertido em se reconstruindo a vida espiritual, pela revivificação do pensamento espiritual – lembrando a homens e mulheres que somente onde o Espírito estiver aí estará a fonte de vida, e que onde essa fonte vive vivem também todas as coisas boas.

Esta tem sido a primeira e a grande obra da Sociedade. E o segundo estágio é o intelectual. Quando a Sociedade o tiver assumido, terá auxiliado as religiões nos seus esforços educativos. Ela está preocupada principalmente em encorajar o tipo correto de educação, de modo que, à medida que o intelecto se desenvolva, esteja sob a influência do Espírito e esteja acompanhado da emoção correta e da conduta correta.

Fixado o espiritual, fixado o intelectual, o material seguirá por si próprio. Um povo espiritual bem treinado intelectualmente pode moldar seu próprio destino e construir sua própria prosperidade. A prosperidade inevitavelmente acompanha quando a verdadeira religião e a verdadeira educação tenham sido estabelecidas.

Esta é a estrada que alguns de nós, seguindo nossos grandes Instrutores, estamos nos esforçando por seguir, não nós mesmos como instrutores, mas apenas como mensageiros; não exercendo qualquer autoridade sobre os outros, mas apenas dizendo o que ouvimos e vimos, sem pedir a ninguém para acreditar até que seu próprio intelecto esteja convencido. Pois a pior de todas as hipocrisias é dizer 'eu acredito' antes de o intelecto ter sido iluminado, e repetir um credo com os lábios enquanto ele não tiver lugar no intelecto, não encontrar resposta no coração.

Nosso irmão difere de nós. O que importa? Mantenhamos nossa própria fé, mas honremos a dele. A unidade religiosa não é para ser encontrada sob a forma de uma religião única, mas na compreensão de que todas as crenças são uma, que todas as crenças têm a mesma origem e conduzem ao mesmo fim. Abandonemos as palavras de censura que tão frequentemente são usadas ao se falar daqueles que pertencem a outras crenças; não permitamos que termos ásperos saiam de nossa boca. Os termos *mleccha*, infiel, incrédulo, pagão – esses são o demônio da separatividade e não do Divino Espírito da unidade. Não deixemos nossos lábios pronunciar palavras duras.

Somos infalíveis, detémos de tal modo a verdade; por que então deveríamos censurar nosso irmão pelo fato de a visão que ele tem da verdade ser um pouco diferente da nossa? Como seria pobre a verdade se vocês ou eu pudéssemos apreendê-la totalmente, se vocês ou eu pudéssemos vê-la totalmente, se vocês ou eu pudéssemos enunciá-la totalmente. A verdade é infinita como Deus, e quem irá declarar seus poderes? Toda verdade é um raio dele, assim como toda beleza é um raio de sua beleza. Tudo que é belo e amável é apenas um fragmento partido de sua luz universal.

Por que deveríamos odiar? Existe mais a nos unir do que a nos separar. As coisas que separam são externas – a textura do cabelo, a cor da pele, a raça, a inclinação pelo Ocidente ou Oriente. Deverão os nomes e rótulos especiais que damos às verdades universais separar os herdeiros da imortalidade, os deuses do amanhã que possuem apenas uma esperança, uma vida e um Ser?

Não é o mundo mais belo graças às diferentes crenças? Não conhecemos mais sobre a verdade porque as outras raças a veem de modo diferente? Se um homem possui uma verdade para dizer que é desconhecida dos outros, deixemos que a diga. E ouçamos. Pode ser que Deus lhe tenha mostrado algum vislumbre de sua luz para a qual nossos olhos estão cegos. Não o silenciemos, pois ao silenciá-lo poderemos estar silenciando a própria voz de Deus. Nosso irmão pode ter algo a nos dizer que não sabíamos antes. Não existe isso de herege; existe apenas um olho que vê a verdade de modo um pouco diferente.

A religião, tenho às vezes pensado, é uma grande coroa constituída de inúmeras joias de cores e matizes variados. O habilidoso joalheiro as prende com o ouro do amor no engaste do conhecimento, e na parte superior ele coloca o *Kohinoor* da Sabedoria Divina, o diamante branco que possui em si todas as cores e que não mostra nenhum matiz separado. Esta é a coroa que ele um dia irá colocar sobre a cabeça da humanidade que, então entronizada na Terra, irá finalmente conhecer sua unidade e saberá que é una com a Unidade divina. Quem, naquele dia glorioso, quando a esplêndida consumação for alcançada, irá lastimar a dificuldade do passado?

Maiores informações sobre Teosofia e o Caminho Espiritual podem ser obtidas escrevendo para a **Sociedade Teosófica no Brasil** no seguinte endereço: SGAS - Quadra 603, Conj. E, s/nº, CEP 70.200-630 Brasília, DF. O telefone é (61) 3322-7843. Também podem ser feitos contatos pelo fax (61) 3226-3703 ou e-mail: st@sociedade teosofica.org.br site: www.sociedadeteosofica.org.br.